끝없는 월요일

CAN YOU BREAK AWAY FROM

끝없는 월요일

월급쟁이를 탈출한 40대 자산가의 부자 수업

금융전문가 진율 지음

· 머리말 ·

마냥 즐기면서 돈을 벌 수 있는 직업은 별로 없기에 내가 아닌 누군가를 위해, 혹은 내가 속한 회사를 위해 근무하면서 자신이 수행하는 업무에 대한 열정을 유지하고 행복을 느끼기는 쉽지 않다. 모두가 그렇지는 않겠지만 적어도 나의 경우에는 아직 그런 직업을 찾지 못했고, 앞으로도 못 찾을 것 같다. 하지만 지금의 삶을 유지하기 위해, 좀 더 쉬운 표현으로는 먹고 살기 위해 좋건 싫건 현재의 업무를 지속하거나, 그나마 조금 더 나은 다른 직장을 구하면서 살아갈 수밖에 없는 것이 대부분의 현실이다.

로또에 당첨되거나 가족 또는 지인 등으로부터 상당한 규모의 자산을 받은 게 아니라면, 지금 당장 하고 있는 생업을 그만 둘 수 있을 만큼의 경제적 자유를 얻을 수 있는 뾰족한 방법을 나는 알지 못한다. 이 책에서 전달하려고 하는 내용도 당신을 단기간에 벼락부자로 만들어 주기 위한 것이 아니며, 사실 그런 방법은 알지도 못하기에 알려줄 수도 없다. 주식이나 부동산 등의 재테크나 부업으로 한 달에 얼마 이상 벌기, 억대 부자 되기 같은 책들은 시중에 차고 넘치지만 아직까지 그런 책들을 읽어서 큰돈을 벌었다는 이야기는 들은 적이 없다. 100억 원, 1,000억 원을 버는 것을 목표로 한다면 우리 중 대부분은 실패할 수밖에 없을 것이며, 목표를 잘못 설정하였기에 우리의 인생 전체가 실패한 인생으로 받아들여질 수밖에 없을 것이다. 달성하기 힘든 어떤 금액이 아닌, 자기 스스로 경제적 여유를 찾을 수 있는 보다 현실적이고 실천 가능한 목표가 필요하며 그 금액은 당신이 막연하게 생각하는 그 금액보다 훨씬 작은 금액일 수 있다.

지금 현재로서는 경제적인 이유로 하기 싫은 일을 지속할 수밖에 없는 상황이더라도 충분한 계획과 상당한 준비 기간, 노력 그리고 마음가짐을 갖춘다면, 누구나 지금보다 풍족해질 수 있으며 비록 더디더라도 언젠가는 경제적 자유라는 목표를 달성하고 당신의 삶을 제대로 누릴 수 있는 시점이 올 것이다. 생각하기 나름이겠지만 100세 시대를 살아가는 우리에게 준비할 수 있는 시간은 충분하며, 몇 번의 실수나 실패 정도는 너끈히 회복할 수도 있다.

이 책에서 다루게 될 '충분한 자산 형성'과 '자산으로부터의 수입'으로 일하지 않고 즐길 수 있는 삶을 살 수 있는 방법은 누구나 한 번쯤 생각해 본 적이 있을 것이다. 앞으로 펼쳐질 이야기들은 혁신적이고 창

의적인 금융 기법도 아니고, 세상에 없던 새로운 개념은 더더욱 아니지만, 막연하고 추상적인 생각들을 정리하여 좀더 구체화시키고, 보다 달성 가능한 영역으로 가져오게 할 수 있는 여러 방법들이다. 그 내용들은 당신이 보다 여유롭고 윤택한 삶을 준비하는데 도움이 될 것이며, 그 목표를 위한 효율적인 자산 배분과 합리적이고도 이성적인 소비에 대한 아이디어를 줄 수 있다.

이 책이 나올 때까지 옆에서 지켜보며 힘을 주었던, 오랜 시간 알고 지낸 친구 같은 형님이자 여니북스의 구대회 대표, 그리고 무엇보다 이 책이 완성될 때까지 곁에서 늘 응원해 주었던 나의 부모님과 가족들, 그중에서도 아내 최문영과 세 아들 환, 온, 윤에게 특별히 고마운 마음을 전한다.

진율

차례

끝없는 월요일

2015년 어느 월요일, 나는 2주간의 휴가를 마치고 당시 살고 있던 홍콩의 미드레벨Mid-level에서 투자은행이 있는 청콩센터Cheung Kong Center로 출근하기 위해 미드레벨 에스컬레이터를 타고 센트럴Central로 내려가기 시작했다.

직장인이라면 누구나 그렇겠지만 월요일은 항상 마음이 괴롭고, 긴 휴가 이후의 월요일이라면 특히 더 괴롭다. 기분이 꿀꿀한 상태에서 무거운 마음으로 출근을 하자니 문득 이런 생각이 들었다.

'아, 이 괴로운 월요일은 앞으로도 끝없이 오겠구나. 나는 도대체 언제까지 남의 회사에 돈을 벌어다 주기 위해 일해야 하는 걸까?'

예전에 1998년에 육군 현역병으로 입대하였을 때는 '수양록'이라고 불리는 녹색 공책이 보급품으로 지급되었다. 하루를 돌아보며 글을 적는 일기장 같은 것이었는데, 적어도 훈련소에서는 매일 수양록을 적을 수 있는 시간이 따로 있어서 이런저런 글이나 그림을 끄적거리기도 했었다. 하지만 나를 포함한 대부분의 훈련병들에게 수양록은 일기장의 역할보다는 전역까지 남은 날짜를 계산하기 위한 공책으로 사용되었다. 우리는 맨 뒤 페이지에 앞으로 남은 날짜들을 적어놓고, 2년이 넘는 군 생활 기간 동안 하루가 지날 때마다 그 날짜들을 하나씩 지웠다. 그 숫자를 하나하나 지우는 게 하루를 지낸 보람이었고, 자유를 얻을 수 있는 날이 하루만큼 더 가까워졌다는 희망을 가졌던 기억이 난다.

지긋지긋한 2년 2개월의 군 생활이 끝나고, 대학을 졸업하고 직장 생활을 시작한 지 10년이 훌쩍 넘었는데도 여전히 월요일 출근길의 마음은 무거웠다. 그리고 그 무거운 마음은 매주 반복되는 일상처럼 끝이 어딘지 짐작할 수도 없이 되풀이되고 있었다.

그날 출근 직전 회사 건물 앞에서 담배 한 대를 피우는데 이런 생각이 들었다.

'월요일, 월요일이 힘든 건 대부분의 직장인들이 가진 비애일 것이다. 이런 괴로운 월요일이 언제까지 지속될까? 은퇴하는 날까지? 그 이후에는 우리 자식들이 또 매주 월요일마다 무거운 마음으로 출근을 하게 될 것이다.'

수양록에 적어 두었던 그 날짜들은 끝이 있었기에 적을 수 있었다. 그러나 전역일까지 남은 날짜들을 적었던 것처럼, 직장 생활을 끝내고 오롯이 우리를 위한 삶을 살 수 있는 시점까지 남은 날짜를 적으라고 한다면 어떨까? 얼마나 많은 날들을 적어야 하는지, 과연 그런 날이 오기는 하는 건지 도저히 알기 힘들다.

아일랜드 왕립 외과대 연구팀은 2013년 1월부터 2018년 3월까지

아일랜드와 북아일랜드의 ST 분절 상승을 동반한 심근경색증STEMI, ST-segment elevation myocardial infarction 환자 10,528명을 대상으로 조사한 결과, 월요일에 현저히 높은 발병률을 보였다고 한다.[1] 물론 이 결과에 대한 원인을 명확하게 규명하지는 못했지만, 연구진은 주말을 보내고 직장으로 복귀하는 스트레스가 영향을 미쳤을 가능성을 제시하였다. 주말을 잘 쉬고 나서 월요일부터 다시 한 주를 보내야 하는 직장인의 비애와 고통은 우리나라만의 일이 아닌 듯하다.

이 책의 제목인 '끝없는 월요일'은 자기 회사가 아닌 남의 회사에서, 자영업자가 아닌 월급쟁이로 일할 수밖에 없는 우리의 현실을 의미한다. 왜 월급쟁이는 행복할 수 없는지, 행복하지 않은 월급쟁이로부터 어떻게 해야 벗어날 수 있는지 생각해 보고, 일하지 않을 수 있는 권리인 '노동선택권Labor Option'에 대한 정의와 그 의미, 그리고 행복하지 않은 월급쟁이를 벗어나기 위한 방법을 개념적으로 설명하고자 시도할 것이다.

---

1 Laffan J, Walsh S, Byrne R, et al68 Blue monday - association between incidence of STEMI and day of the week. Heart 2023;109:A78-A79.

제1부

부자의 기준은 무엇인가?

꿈

"꿈이 있으십니까?"

이 질문을 하면 내 주위 대부분의 사람들은 대답하지 못한다. 대답을 못한다기 보다는 어이없는 질문이라는 반응이 대부분이다. 사실 더 적절한 질문은 이것일지도 모른다.

"아직도 이루고자 하는 꿈이 있으십니까?"

적어도 이 질문에는 '없다'라는 짧은 대답이라도 들을 수 있을 테니 말이다.

40대 중반인 내 주변의 40~50대 지인들은 꿈을 꾸기에는 너무 나이가 들어 버린 탓일까? 주택담보대출에 대한 원리금 상환, 아이들이 커가면서 점점 늘어가는 자녀 교육비, 매년 너무나도 당연한 물가 상승, 직장에서의 입지와 승진을 위한 끊임없는 노력 등 무거운 현실들을 마주하고 살아가다 보면 어릴 적 장래 희망이나 기억하는 건 사치라는 생각도 들 수 있다. 아니면 자신이 언젠가 꾸었던 꿈에 비해 지난 세월과 경험, 그리고 현실이 반영된 현재의 목표는 꿈이라고 부르기엔 너무나 보잘 것 없어 보일 수도 있다. 아니, 현재의 목표라고 할 만한 것조차 없는 사람들이 태반일 수도 있다.

10대 이전에 꾸었던 나의 꿈은 택시운전사였다. 아마 여섯 살 즈음이었던 것 같다. 아버지 지인 분이 택시운전사가 되셔서 제복을 입고 노란색 포니 택시를 타고 아버지께 인사를 오셨을 때였다. 어린 나의 눈에는 그 제복도 멋있어 보였지만, 무엇보다 택시를 운전하며 서울 곳곳을 누비고, 심지어 지방까지 돌아다니는 직업이 참 근사해 보였다.

점차 나이가 들어 중학생이 되고, 고등학생이 되면서는 좀 다른 꿈을 꾸었다. 초등학교 때부터 수없이 읽었던 무협지들 때문이었는지, 아니면 인생의 의미를 고민하기 시작할 즈음이라 그랬는지 잘 모르겠지만, 당시에는 소방관이나 경찰관처럼 자기 자신을 희생하면서 위험에 처한 사람을 구하고, 누군가의 삶에 직접적인 도움을 줄 수 있는 직업을 갖는 게 꿈이었다.

이후 고등학교 2학년이 되면서 이과가 아닌 문과를 선택하게 되었고, 꿈은 조금씩 더 구체화되었다. 문과로 진학하게 되었으니 대학교에서 경영학을 전공하여 성공적인 벤처사업가가 되겠다는 희망을 갖기 시작했다. 이 꿈은 비록 오랜 세월이 지났지만 아직까지 완전히 포기하지는 않아서, 여전히 마음 한편에 조용히 잠들어 있다.

대학에 입학하고 군대를 다녀오고 나서는 꿈이 조금씩 수치화되기 시작했다. 일단 3년에서 5년 정도 경험을 쌓은 다음, 그 경험을 바탕으로 창업하여 40세 이전에 100억 원을 벌어서 성공한 벤처사업가가 되어 놀고먹겠다는 게 당시 꿈이었다. 이 정도면 꿈이라기보다 목표라고 봐야겠지만, 어쨌든 마흔이 넘은 지금 돌이켜 보면 그 꿈은 너무나도 원대하였기에 안타깝게도 이루지 못하였다.

꿈은 희망이고 그 자체로 설레지만 추상적인 경우가 많은 반면, 꿈을 이루기 위한 목표는 보다 현실적이고 구체적이어야 하는 것 같다. 어렸을 적이나 젊었을 적에 막연한 꿈을 꾸며 설레었던 기대들은, 연륜과 경력이 쌓이면서 현실에 찌든 우리에게는 다시 느끼기 힘든 감정일 터라 서글프기도 하다. 하지만 주어진 여건에서 보다 현실적으로 합리적이고 달성 가능한 목표를 세운다면, 결국에는 성취감과 보람, 그리고 작은 행복을 느낄 수 있을 것이다.

40세 이전에 100억 원을 벌어서 놀고먹겠다는 꿈은 이미 이루지 못한 꿈이 되어 버렸지만, 마흔이 넘으면서 다시 생각해 보게 되었다. 100억 원이라는 숫자의 의미는 무엇이었을까?[2] 2000년대 초반 기준으로는 상당한 규모의 재산이었지만, 100억 원이라는 숫자에 특별한 의미가 있지는 않았다. 그냥 '돈을 많이 벌어서 부자가 되겠다'라는 꿈을 구체적인 수치로 표현하여 목표처럼 보이게 만든 정도였다.

사실 더 중요한 부분은 '놀고먹겠다'라는 부분이었던 것 같다. '놀

---

2 사실 100억 원이라는 숫자는 의미가 있다. 많은 사람들이 100억 원이란 금액을 부자의 기준으로 보고 있다. KB 금융지주 경영연구소에서 2022년 12월 발간한 2022 한국 富者 보고서(황원경/김진성/이신애)에서는 금융자산을 10억 원 이상 보유한 설문 대상자들에게 '한국에서 부자라면 얼마 정도의 자산을 가지고 있어야 할까?'라는 설문을 하였고, 이에 대한 답변의 중위수는 100억 원 이상이었다.

고먹겠다'라는 어감이 왠지 게으르고 한심해 보일 수는 있겠지만, 다시 말하면 경제적인 이유, 즉 돈 때문에 일하면서 살지 않겠다는 다짐이었으며, 100억 원은 그 삶을 뒷받침해 줄 수 있는 부를 상징하는 금액이었을 것이다.

결국 지금은 돈에 구애받지 않으면서 나 스스로 가치가 있다고 생각하거나 보람을 느낄 수 있는, 혹은 즐거울 수 있는 일을 하면서 살고 있으며, 이를 위해 크고 작은 목표를 설정하고 수행하고 있다.

소득

신문 기사들을 보다 보면 소득통계를 이용하여 부자를 정의하는 경우를 종종 볼 수 있다. 정부 또한 고소득자들을 '부자 증세'의 대상으로 삼아 2017년 소득세 최고세율을 40%에서 42%로, 2020년 다시 10억 원이 넘는 소득과표에 대해 최고세율을 45%로 인상하였다.

소득이 많은 사람들을 부자라고 할 수 있을까?

나는 2003년에 국내 대기업의 자회사인 증권회사에서 공채 출신 신입 사원으로 근무를 시작하였고, 약 11개월이 지났을 때 외국계 투자은행 외화채권 영업직으로 이직하였다. 그리고 실적에 따른 보상이 확실한 외국계 투자은행에서 억대 연봉을 받기 시작하기까지 그리 오래 걸리지 않았다. 기억하기로는 아마 2005년부터 기본급과 성과급을 합해 1억 원이 넘는 연봉을 받기 시작했었는데, 그때 나이가 27살이었다. 그 연봉이 두 배가 되고, 또다시 두 배가 되기까지도 그다지 오랜 시간이 걸리지 않았다.

그러면 당시의 나는 부자였을까? 당시 세율로는 연봉 8,800만 원이 넘어가는 근로소득에 35%의 근로소득세가 부과되었고, 연봉이 2억 원이면 근로소득세만 약 5,510만 원, 연봉 4억 원이면 약 1억 2,510만 원이 부과되었다. 거기에 건강보험료를 포함한 4대보험료를 제하면 또 금액이 줄어들었다. 무엇보다 성과급의 일부를 주식으로 지급하는 외국계 투자은행의 관례상, 지급받기 전에 숫자로만 들은 성과급과 실제 지급받는 금액은 그 자릿수 자체가 다른 경우가 대부분이었다.

물론 분에 넘치는 연봉을 받고 있었으니 늘 감사하는 마음이긴 하였지만, 그 당시 나의 개인적인 삶은 극히 제한적일 수밖에 없었다. 외화채권 영업을 하였기에 아침 9시 30분까지는 전날 뉴욕 시장에서 일어났던 일을 포함하여 마켓 코멘트를 작성하고 고객들에게 전송해야 하니 보통 8시 40분 이전에 출근하였고, 도쿄 시장을 거쳐 런던 시장, 그리고 뉴욕 시장의 개장 이후 오전장을 지켜보고 나서 늘 자정을 넘긴 시간에 사무실을 나섰다.

웃으면서 이야기하고는 했지만, 보통 사람들은 출근한 날 퇴근하는데, 나는 퇴근한 날 출근하는 삶이었다. 자정이 넘어 퇴근하더라도 영업을 해야 할 일이 있으면 새벽까지 술을 마시고 들어가는 경우도 매우 잦은 편이었으니, 사실 웬만한 체력으로는 주말에 자기 시간을 누릴 힘도 남아 있지 않은 사람들이 많았다.

미국과 한국의 휴일이 겹치는 경우는 크리스마스와 설날 정도이니, 뉴욕에서 주로 거래되는 채권들을 거래하는 업무의 성격상 구정이건 추석이건 저녁에는 출근하여 시장을 보고, 거래를 하기 위해 노력해야 했다. 그나마 좋은 점이 하나 있었다면, 상황이 이러다 보니 연봉은 상당한데 돈을 쓸 시간 자체가 많지 않아 돈이 꽤 많이 모아지기는 했었다.

지금은 그 세율이 더욱 높아졌지만, 20대 후반이었던 당시의 나는 높은 근로소득세에 대한 불만이 가득했었다. 아니, 아무리 근로소득자가 유리 지갑이라고는 하지만, 아직 부자가 되지도 못한 사람들에게 이렇게 높은 세율을 적용하면 도대체 언제 부자가 될 수 있는 걸까? 35% 이상의 소득세를 내면서도 과연 부자가 될 수 있을까?

소득이 높은 사람은 그냥 고소득자이다. 그 사람이 부자인지 아닌지는 다른 기준에서 평가해야겠지만, 아마도 아직 부자가 되지 못한 사람들이 대부분일 것이다. 부자의 기준은 사람마다 다르지만, 대부분의 기준을 충족하는 수준의 부자들은 고액의 근로소득을 유지하기 위해서 자신의 삶을 갉아 먹지 않을 것이다.

데이빗 S. 고이어David S. Goyer 감독, 웨슬리 스나입스Wesley Snipes 주연의 2004년 개봉 영화 〈블레이드 3Blade: Trinity〉는 거대한 뱀파이어 조직에 맞서 싸우는 인간과 뱀파이어와의 혼혈종인 블레이드(웨슬리 스나입스 분)의 이야기이다. 이 영화에서 뱀파이어 집단은 주기적으로 인간의 혈액을 공급받아야 하는 자신들의 단점을 극복하기 위해 연고가 없는 노숙자들을 납치하고 감금하여 뇌사 혹은 의식 불명 상태로 만들고, 영양분을 주입하면서 그들의 혈액만 계속 채취하는 혈액 농장Blood Farm을 운영하며 혈액 공급을 원활하게 한다.

사실 뱀파이어들은 혈액 공급원인 혈액 농장의 인간들이 가사 상태라고 하지만, 그것을 확인할 수 있는 방법은 없는 듯하다. 그들의 이용가치가 존재하는 한 지속적으로 생명을 유지시킬 테고, 그들은 적어도 밖에서 굶어 죽을 걱정은 하지 않아도 될 것이다. 관리나 운영상의 필요에 의해 그 안에서의 위치가 변동될 수는 있겠지만, 그들은 이제 농장 밖으로 쉽게 나가지 못할 것이다. 아마도 그 안에서의 삶은 비참하고 우울하며 인간답지 못할 수도 있다. 자신이 뜻하거나 원하는 바를 이룰 수 있는 가능성은 없지만 생명만큼은 보존할 수 있을 것이며, 현재 상태는 유지될 것이기에 최소한 더 비참해지거나 괴로워지지는 않을 것이다.

혈액 농장 밖의 상황은 대충 짐작만 할 뿐, 어떤 위험들이 도사리고 있는지 정확히 모른다. 물론 기회도 있을 것이다. 하지만 기회를 노리기에는 위험이 너무 클 수도 있다. 무엇보다 제대로 경험해 본 적이 별로 없어서 자신이 무엇을 잘 할 수 있는지, 감수할 위험이 구체적으로 무엇인지, 기회가 정말 있기는 한 것인지, 그 기회를 잡기 위해서 얼마나 많은 위험을 감수해야 하는지, 불안하고 두렵고 걱정될 것이다.

일단 한번 나가게 되면 다시 돌아올 수 있을 거라는 보장이 없기에, 자신의 의지로는 바깥세상으로 쉽게 발길이 떨어지지 않을 뿐 아니라, 의지가 있다고 하더라도 스스로 나가기는 어렵다. 그저 옆에 있는 사람보다 덜 괴롭기를 바라면서, 그 사람보다는 좀 더 나은 삶이면 만족할지도 모른다. 그들 중에서 남들보다 좀 더 많은 영양분을 공급받고, 좀 더 충분한 진통제를 맞고 있어서 덜 괴로운 사람이 있다면, 상대적으로 부자라고 할 수 있을까?

이 혈액 농장 인간들의 삶이 매월 카드값과 이자비용을 지출하면서도 미래를 위해 저축까지 해야 하는 대부분의 월급쟁이들, 바로 우리들의 삶과 비슷하지 않은가? 삶은 유지되지만 꿈을 꾸기에는 현실이 너무 각박하고, 기업이 우리를 필요로 할 때까지는 괜찮지만 정년이 보장되는 직장이 아니라면 이용가치가 없어지는 순간 언제든지 내쳐질 수 있으니 말이다. 더구나 지금의 현실에서는 자의로 벗어날 여건도 충분치 않기에, 현재의 삶에 변화를 주는 것이 두려운 우리들은 혈액 농장의 인간들과 크게 다를 바가 없어 보인다. 또한 월급쟁이로서의 상태를 유지하기만 한다면, 앞으로 부자가 될 가능성은 매우 희박하다.

재산

재산의 관점에서 살펴보자. 재산이 많으면 부자이긴 할 것이다. 재산이 1조 원이 넘는 사람도 재산 1,000억 원을 가진 사람을 보면 자신보다 현저히 낮은 자산가이긴 해도 부자가 아니라고 말하긴 어려울 것이다. 하지만 1,000억 원이나 1조 원 같은 금액은 노력만 한다고 벌 수 있는 돈이 아니며, 대부분의 사람들에게 부자의 기준이 되는 금액은 분명 그보다는 적을 것이다. 그렇다면 다시 생각해 보자. 도대체 얼마 정도 있으면 부자라고 할 수 있을까?

일단 재산의 정의부터 내리는 편이 좋을 듯싶다. 그 또한 다양한 정의가 있을 수 있겠지만, 편의상 여기서는 재산을 한 개인 혹은 그 가구의 순자산, 즉 자산 총합에서 부채를 차감한 금액이라고 분류하겠다. 예를 들어 한 개인이 가진 자산이 총 20억 원이라고 하더라도 대출이 19억 원이라면 순자산은 1억 원이고, 다른 사람은 총자산이 10억 원임에도 불구하고 부채가 0원이라면 순자산은 10억 원으로 앞서 말한 사람보다는 부유(富裕)하다.

통계청과 한국은행, 금융감독원의 가계금융복지조사에 따르면, 2022년 12월 1일 기준 순자산 5분위, 즉 상위 20%의 평균 가구원 수는 3.1명이고, 평균 순자산액은 14억 1,490만 원이었다.[3] 상위 20% 평균을 부자라고 인정하기 어렵다면, 그 평균 순자산액의 3배 정도 되는 40억 원 이상을 보유한 정도라면 부자라고 할 수 있을까?

서울 서초구 잠원동에 있는 신반포 2차 아파트를 보유하여 거주하고 있는 한 가장, 가상의 인물 A씨를 가정해 보자. 50대에 접어들고 있으며 가족이 있고, 146m^{2}의 아파트 한 채를 약 15년 전에 매입하여 원금과 이자를 꼬박 다 갚아서 부채는 없다. 2023년 5월 현재 해당 아파트는 약 40억 원대 초에 매물가격이 형성되어 있다. 약간의 예금을 제외한 다른 자산은 없으며, 가족이 해당 아파트에 같이 거주 중이다. 과세표준에 따라 재산세, 지방교육세, 종합부동산세 및 농어촌특별세를 합치면, 이 아파트를 보유했다는 이유만으로 납입해야 하는 세금만 매년 600만 원에 가깝다.

A씨는 40억 원이 넘는 순자산을 보유하고 있지만 자산에서의 수입은 전혀 없는 상태이고, 오히려 해당 자산을 유지하기 위한 비용을 지불하기 위해서는 매년 어딘가에서 소득을 마련해야 한다. 물론 학군과 위치는 좋지만, 1978년에 준공된 아파트는 그다지 쾌적한 분위기도 아

---

3 출처: 국가통계포털 (Korean Statistical Information Service, https://kosis.kr/index/index.do)

닐 것이다. 그리고 강남·서초 학군의 특성상 학원비를 비롯한 자녀 교육비와 비싼 물가로 인한 생활비가 상당할 것이기에 매월 800만 원에서 1,000만 원 정도의 비용 지출이 예상된다. 어찌 되었든 버틸 수 있는 한 월급을 받아야 하는 것이다.

대조적으로 현금으로 순자산 40억 원을 보유한 싱글 라이프의 가상의 인물, B씨를 가정해 보자. 수원cc 골프장 파노라마 전망의 기흥역 파크 푸르지오 156.76m² 주상 복합은 2023년 5월 현재 약 11억 원 정도에 매물이 형성되어 있다. 수원cc 회원권이 약 2억 2,000만 원이므로 합해서 13억 2,000만 원을 지불하고도 26억 원이 넘는 현금이 남는다. 은행 이자보다 조금 높은 금리의 제한적인 위험의 금융상품들에 투자하여 연 5% 이상의 수익을 벌 수 있다면, 세후 1억 원 이상의 수입이 생길 것이다. 월 800만 원 정도면 수원cc 정회원 그린피로 한 달 내내 평일에 골프를 치고, 맛집을 열심히 찾아다니며 먹고 살기에 충분한 금액이다. 저녁에는 테라스에서 골프장을 바라보며 시원한 맥주 한 잔을 마실 수 있고, 급여를 받기 위해 내키지 않는 일을 할 필요도 없으며, 뜻이 있다면 어느 정도 기부도 할 수 있다. 매일 골프 치는 게 지겹거나 매번 팁이 꾸려지기 어렵다면, 그다지 스트레스 받지 않는 소일거리들을 찾아 추가소득을 마련할 수도 있다.

나의 판단에 B씨는 부자이다. B씨는 돈 때문에 자신의 의사 결정에 영향을 받지 않으므로 경제적 여유를 충분히 누리고 있으며, 지나친 과소비나 무리한 투자로 인한 손실이 아니라면 현재의 상태는 계속 유지될 수 있다.

하지만 A씨를 부자라고 할 수는 없을 것이다. 생활비를 마련하기 위해 윗사람의 싫은 소리는 참아야 하고, 아랫사람들이 치고 올라오는 것에 시달리지만, 가지고 있는 집 한 채를 빼면 미래를 위한 준비가 되어 있지 않다. 그래서 감히 사직서를 낼 생각은커녕, 어떻게든 조금이라도 더 회사에서 버텨야 한다. 순자산이 40억 원이 넘는다는 사실은 그저 마음속에만 있을 뿐이다. 오히려 그 40억 원의 순자산 때문에 더 비싼 자녀 교육비를 지출하게 되고, 더 비싼 물가를 견뎌야 하며, 더 많은 세금을 내야 하기에 더 열심히, 더 오래도록 일해야 한다.

A씨와 B씨의 사례에서 볼 수 있듯이 가족 구성원, 거주하는 지역, 각자의 씀씀이와 같은 삶의 방식과 보유자산의 구성에 따라 경제적 여유는 큰 차이가 있기에 단지 절대적인 금액만을 부자의 기준으로 삼기는 힘들다.

마음

명심보감의 안분편(安分篇)에는 안분지족(安分知足)이라는 말이 나온다. 자신의 분수를 지키고 만족하며 살아간다는 뜻으로, 2019년 개봉한 봉준호 감독의 영화 〈기생충〉의 주인공인 기택(송강호 분)의 반지하 집에도 가훈으로 액자에 걸려 있었던 사자성어이다.

공자(孔子)의 제자들이 그의 어록을 엮은 논어(論語)에도 비슷한 말이 나온다. 가난을 편하게 여기고 도를 즐긴다는 의미의 안빈낙도(安貧樂道)다. 재물(財物)에 대한 욕심을 버리면 마음이 부유해진다는 말은 옛 성현들에 의해 이미 수천 년 전부터 언급되어 왔었다.

중국령 티베트 자치구와 인도의 국경을 접한 부탄Kingdom of Bhutan이라는 나라를 들어본 적이 있을 것이다. 인구는 80만 명 미만이며 1인당 GDP가 4,000달러[4]가 채 되지 않는 이 작은 나라는 이 세상에서 가장 행복한 나라라고 알려져 있다. 주변 국가들에 비해 특별히 가난하진 않아도, 특별히 부유한 것도 아닌데 세상에서 가장 행복한 나라라는 명성은 어떻게 생기게 된 걸까?

국민의 4분의 3 정도가 불교 신자인 이 나라는 비교적 최근인 2008년에 전제군주제에서 입헌군주제로 바뀐 나라이다. 전제군주제의 상당 권한을 국회로 이양하면서 입헌군주제의 발판을 마련한 부탄의 4대 국왕, 지그메 싱기에 왕추크Jigme Singye Wangchuck는 국민총생산GNP, Gross National Product이나 국내총생산GDP, Gross Domestic Product과 같은 물질적인 지표보다 국민의 행복을 목표로 삼아야 한다고 주장해 왔다. 이에 따라 2008년 7월 18일에 제정된 신헌법에는 국민총행복GNH, Gross National Happiness 지수가 공식적인 국가 목표로 지정되었다.

이 변화는 다른 국가들까지 큰 영향을 미쳐서 2011년 유엔 총회UN General Assembly에서는 행복이 '근본적인 인류 목표'라고 언급하며 매년 3월 20일을 국제 행복의 날International Day of Happiness로 지정하기에 이른다. 또한, 산하 자문기구인 지속가능발전 해법 네트워크SDSN, Sustainable Development Solutions Network를 통해 매년 세계 각국을 대상으로 국민행복지수를 조사하고, 세계행복보고서를 발간한다.[5]

소득 수준이나 축적된 부가 다른 선진국들에 비해 현저히 못 미치는데도 불구하고, 이 나라 대부분의 국민들이 행복할 수 있는 이유는 무

---

4 국제통화기금(International Monetary Fund)는 World Economic Outlook database: April 2022에서 부탄의 2023년 1인당 GDP를 3,755.358달러로 전망하고 있다.

5 세계행복보고서는 유엔의 SDSN이 운영하는 웹사이트, 세계행복보고서(World Happiness Report, https://worldhappiness.report/)에서 누구나 열람할 수 있다.

엇일까? 불교에서 중요시하는, 모든 가치적 판단은 상대적 기준에 따라 다르게 보일 수 있다는 공(空)이나 산스크리트어로 '분별하지 않는 지혜'를 의미하는 반야Prajna의 개념 때문일까?

여기에 함정이 있다.

세계행복보고서에 따르면 2015년에서 2021년까지 부탄의 행복지수는 5.01에서 5.25 수준에 불과하다. 이는 행복지수 순위 최상위권 국가들인 핀란드, 덴마크, 아이슬란드 등이 7점대 중후반의 행복지수를 보인다는 점을 감안하면 매우 낮은 수준이다.

참고로 2019년 세계행복보고서에서 부탄은 156개의 행복지수 조사 국가 중에서 95등을 하였다. 1999년에서야 텔레비전 시청과 인터넷이 허용되었기에, 이전보다 광범위한 정보에 노출되면서 상대적으로 불행해졌다는 의견도 있지만, 주된 이유는 부탄의 국민총행복지수를 산출하는 방법이 세계행복보고서의 방식과 큰 차이가 있기 때문일 것이다.[6]

진정으로 행복한 부탄 국민들의 행복 수준이 기준의 차이 때문에 낮게 측정된 것인지, 아니면 집권 세력의 정치적 선전 도구로 사용된 지표이기에 현실과 괴리가 있는 것인지는 정확하게 알 수 없다. 중요한

---

6 2012년 발간된 세계행복보고서에서는 부탄의 국민총행복지수(GNH Index)에 대한 사례 연구가 포함되어 있는데, 부탄의 국민총행복지수는 현재 서방 국가들의 행복 개념이 아닌, 다차원적인 개념으로 그 방법론이 상이함을 설명하고 있다. 출처: 2012년 세계행복보고서, 사례 연구: 부탄의 국민총행복과 국민총행복지수(Case Study: Bhutan Global Happiness Index and the GNH Index)

것은 부탄 국민 대부분이 정말 행복한지 여부와 관계없이 이미 세계화에 한껏 노출되어 있고, '사촌이 땅을 사면 배가 아프다'라는 속담이 있을 정도로 주변 사람이 잘 되는 일에 질투가 심하고, 남을 의식하는 문화를 지닌 우리들이 부탄 국민들의 삶의 수준에서 마음이 부자가 되기는 어려울 것 같다는 사실이다. 하지만 일정 수준의 부가 축적된 이후라면, 안분지족(安分知足)의 마음가짐이 우리를 마음의 부자로 만들 수 있을 것이다.

경제적 여유

표준국어대사전에서는 여유(餘裕)의 의미를 '물질적·공간적·시간적으로 넉넉하여 남음이 있는 상태'라고 정의하고 있는데, 이 여유라는 단어는 참 오묘한 단어인 것 같다.

2002년에 미국 캘리포니아주 버클리에서 여름 계절 학기를 들을 때였다. 계절 학기라서 학업 스케줄이 벅차지 않았고, 이미 수년 전에 그 지역 언저리에서 한두 달 생활해 본 적이 있었기에 공부보다는 주변 여행을 다니면서 짧지만 즐거운 시간을 보냈다. 여러 친구들 중에 일본 후쿠오카에서 중학교 영어 교사를 하고 있던 일본 친구가 하나 있었는데, 둘 다 시원치 않은 영어로 이런저런 이야기를 하고는 했었다. 그러던 어느 날, 아마도 샌프란시스코 시내 구경을 같이 갔던 때였던가. 한국과 일본의 큰 도시에서만 살아온 우리와 달리 캘리포니아에 사는 사람들의 삶은 매우 여유롭다는 표현을 하려고 했다.

"Well, the life here is very···"

영어로 여유롭다는 표현을 몰랐기에 나는 문장을 끝마치지 못하고 말문이 막혔고, 결국 옆에 있는 다른 한국 사람에게 한국말로 물어봤다.

"형, 여유를 영어로 뭐라고 해야 하죠?"

신기하게도 그 일본 친구는 여유라는 단어를 바로 알아들었고, 내가 전달하려던 내용을 완전히 이해할 수 있었다. 한국말로 여유는 일본말로도 여유였고, 심지어 발음과 의미까지 같았기에 바로 의사소통이 되었다. 오래전 일이지만 지금도 기억나는 신기한 경험이었다.

이후로 20년이 넘는 시간 동안 외국계 투자은행에 근무하고, 출장을 다니고, 미국에서 MBA를 취득하고, 홍콩에 거주하면서 나의 영어 실력은 꽤 많이 발전하였고 영미 문화에 대한 노출도 많아졌지만, 아직도 여유라는 단어의 그 오묘한 의미를 충분히 표현할 수 있는 영어 단어를 찾지 못했다.

여유라는 단어를 영어로 어떻게 표현해야 하는지는 여전히 답을 찾을 수 없지만, 경제적 여유라는 개념이 무엇인지는 이해하기 어렵지 않을 것이다. '물질적·공간적·시간적으로 넉넉하여 남음이 있는 상태'라는 표준국어대사전의 정의 중에서 '물질적'이란 단어가 경제적 여유의 핵심이 될 수 있다. '물질적'으로 넉넉하여 남음이 있는 상태라면 '공간적'으로 넉넉하기는 그다지 어렵지 않을 것이다. '물질적'인 여유는 소득과 재산이 채워줄 수 있을 것이고, '물질적'으로 넉넉한 사람에게 '시간적'인 여유는 달성 가능한 목표가 될 수 있다. '물질적'으로 충분하여 자신이 원하지 않는 일이나 남을 위한 일을 하며 소득을 확보하기 위해 자신의 시간을 지나치게 투입하지 않아도 된다면, '시간적'인 여유도 확보가 가능하다. 따라서 물질적 풍요가 확보된 상태에서 안분지족(安分知足)의 마음을 가진다면, 경제적 여유를 완성시킬 수 있을 것이다.

다만 고려해야 할 점은 '물질적·공간적·시간적으로 넉넉하여 남음이 있는 상태'에 대한 개개인의 기준은 어느 정도 심리적이고 주관적인 측면이 있기에 획일적인 기준으로 판단할 수 없다는 것이다. 또한 비록 주관적인 측면이 있다고 하더라도, 우리 모두 주변 환경으로부터 영향을 받으면서 살아갈 수밖에 없기 때문에 경제적 여유의 기준이 상당 부분 상대적이다. 자신이 거주하고 있는 지역, 근무하거나 사회생활을 영위하고 있는 산업군, 학력, 자녀들이 통학하는 학교, 자신의 씀씀이, 그리고 개인의 욕심까지 모두 자신의 경제적 여유를 판단하기 위한 기준에 영향을 미칠 것이다.

「꿈」에서 이야기했던 '놀고먹겠다'는 나의 꿈은 경제적 여유를 확보하겠다는 것이다. 그리고 이 경제적 여유를 기반으로, 자신이 하고 싶지 않은 일을 물질적인 이유로 하지 않을 수 있는 권리, 즉 스스로 노동을 선택할 수 있는 권리를 확보할 수 있다.

제2부

진짜 부자는 누구인가?

1

노동선택권은 일하지 않을 자유다

현대 사회의 노예

'노예들은 자신의 환경에 너무나 익숙해진 나머지, 자신의 발에 연결되어 있는 쇠사슬을 다른 이에게 자랑하기 시작한다. 또한 반대로 쇠사슬에 묶여 있지 않은 자유인들을 비웃기 시작한다. 노예들을 묶고 있는 쇠사슬은 같은 쇠사슬이며, 노예는 그저 노예일 뿐이다. 과거의 노예들은 자유를 버리지 않고 스스로 자유로워지려고 노력했었지만, 현대의 노예들은 스스로 노예가 되며 그 사실을 깨닫지 못하고, 오히려 노예가 되는 것을 자랑스러워한다.'[7]

리로이 존스LeRoi Jones라고도 알려진 미국의 시인이자 극작가 아미리 바라카Amiri Baraka가 뉴욕 할렘에서 연설할 때 했던 말이라고 한다. 사실 정말로 아미리 바라카가 저 발언을 했는지는 확인되지 않았고, 어떤 사람들은 일본의 노동 운동가가 지어낸 말이라고도 한다. 좋은 글을 보았는데 그게 누구의 글인지 모른다는 사실이 아쉽고, 글의 앞뒤 맥락도 전해지지 않아서 어떤 상황에서 저런 말이 나왔는지 짐작하기도 힘들지만, 저 글을 접했을 때 많은 생각을 했다.

일전에 한 국내 대기업에 다니는 지인으로부터 들은 이야기다. 부장급 인사와 임원 들이 같이 하는 회식자리에서 한 부장급 인사가 임원들과 대화 중에 다음과 같은 말을 했다고 한다.

"우리가 임원이네 부장이네 해도, 사실 따지고 보면 ○씨 집안(오너 집안) 노비들 아니겠습니까?"

그 말을 들은 임원 하나가 바로 이렇게 대답했다고 한다.

"노비라고? 당신 따위가 노비 축에 속하겠어? 사장이나 임원급은 되어야 노비라고 할 수 있지?"

맞는 말인 듯하다. 조선 시대 노비라고 하면 적어도 주인어른 얼굴 정도는 본 적이 있을 테고, 주인집 가족들도 자신들의 중요한 자산인 노비를 알아볼 수는 있었을 것이 분명하다. 하지만 일개 대기업 부장이라면 오너 집안 가족을 만나본 적이 없을 테니, 오너 일가가 알아보지도 못하는 그들은 굳이 비교하자면 노비보다도 못한 존재가 아닐까?

---

7 The Chain is Slave's Boast: "Slaves too familiar with the circumstances, they begin to boast to one another of the chain that connects the foot of his surprise. On the contrary they begin to laugh at free people who are not in chains. But the chain that connects the slaves is actually a chain of the same one only. And a slave is only a slave. Slaves of the past are not ceded the freedom of spirit, they were trying to free himself. But modern slaves become slaves of their own, they do not realize it. On the contrary they are proud to be a slave."

예를 들면, 소나 말? 아니다, 주인집 가족들은 아끼는 말이나 중요한 자산인 소도 알아볼 수 있을 것이다. 그렇다면 아마도… 닭 정도? 부장보다도 직급이 낮은 사원급들은 어떨까? 닭보다 직급이 낮다면 호미나 낫 정도에 비교해야 할지도 모른다.

개개인으로는 재벌가 사람들에게 전혀 중요하지 않은 대기업 신입사원이 되기 위해 좋은 대학을 나오고, 갖가지 스펙을 쌓고, 입사 시험 및 인터뷰를 준비하는 등 부단한 노력으로 대기업에 입사한다. 드디어 대기업 직원이 되었다며 그 소속감에 뿌듯해하고 좋은 직장에 다닌다는 사실을 자랑스러워하는 우리가, 자기를 묶고 있는 쇠사슬을 뽐내며 노예라는 사실을 스스로 자랑스러워하고 일반인을 비웃는 노예와 큰 차이가 있을까?

일전에 한 어르신에게 아들이 국내 굴지 그룹의 계열사에서 임원 승진이 되어 친구들에게 점심을 샀다는 이야기를 들었다. 그 그룹 계열사 어디의 임원이 되었는지, 그 아들이 어떤 사람인지까지는 궁금하지도 않았지만, 그 어르신의 연배가 70대 중반이 넘는다는 사실을 생각해봤을 때 아들의 나이는 50대 초중반으로 짐작되었다. 주변에 40대 초중반에도 대기업 임원이 되는 사람들을 가끔 보는데, 지인으로서 보기에 그들이 회사에서 한 노력을 인정받았다는 사실은 충분히 축하해 줄 만하다고 생각한다. 그들이 현대 사회의 노예일 수는 있지만, 자신이 선택한 삶에서 성취를 이루었기 때문이다. 그래서 축하 메시지도 보내고, 가끔 화환을 보내기도 한다. 하지만 내 자녀가 대기업 임원으로 승진한 게 과연 축하받을 만한 일일까? 아니, 자랑스러운 일일까? 내가 가진

게 없고 갖춘 게 없어서 내 자녀들이 자신의 꿈을 실현할 기회나 여건을 만들어주지 못하고, 남의 집 노비로 평생을 살게 해서 결국 마름 중 하나가 되었다는 사실이 정말 자랑스러운 일일까? 오히려 창피한 일이 아닐까 하는 생각이 든다.

선택할 수 있는 권리

서브프라임 모기지 사태가 한참 진행 중이었던 2008년 초, 당시 서른 살이었던 나는 결혼 준비도 하고 있지 않은 싱글이었다. 앞에서 말했듯이 상당히 넉넉한 연봉을 받고 있었지만, 막상 돈을 쓸 시간이 별로 없어서 저축이나 재테크를 특별히 고민하지 않아도 돈이 모이고 있던 때였다. 2007년의 실적으로 꽤 큰 금액의 성과급을 받았기에, 처음으로 외제차를 한번 사고 싶었다. 당시 고민하던 차는 BMW의 하드탑 컨버터블 3 시리즈 모델이었고, 평상시에 큰돈을 지출해 본 적이 없었기에 여러 주변 사람들에게 의견을 물어봤었다.

친구들의 반응 중 꽤 겹치는 반응들은 이랬다.

“오픈카는 무슨 오픈카야? 서울 날씨도 별로고 공기도 안 좋은데 매연이나 먹겠지, 뚜껑 열 일이 몇 번이나 있겠어?”

그러면 꼭 이렇게 답하곤 했다.

“뚜껑을 자주 열고 다니겠다는 건 아니야. 아마 평소엔 뚜껑을 닫고 다니겠지. 하지만 뚜껑을 열 수 있는데 안 여는 것과, 애초에 뚜껑을 열 수 없어서 못 여는 건 분명 다른 거 아니겠어?"

컨버터블 차량을 운전하는 사람은 선택권이 있다. 뚜껑을 열거나 열지 않기를 결정할 수 있는 권리가 있고, 이는 애초에 천장을 열 수 없는 차량을 구입한 사람과는 구별되는 권리이며, 이 선택권을 위해 꽤나 큰 추가 비용을 지출해야만 한다. 선택권은 보유하지 않은 것보다는 보유한 것이 유리한 권리이다.

금융상품 중에는 옵션Option이라고 불리는 상품이 있다. 경영학을 전공하였거나 금융 관련 업무에 종사하는 사람들에게는 매우 친숙한 개념이지만, 선물·옵션 파생상품으로 묶여 있어서 위험한 상품이라는 인식이 강하기에 비전문가가 많이 활용하는 상품은 아닌 것 같다.

금융상품으로서의 옵션을 정의하자면, 특정 기초자산을 정해진 기간 내에(혹은 정해진 시점에[8]), 정해진 가격으로 사거나 팔 수 있는 권리를 말한다.

예를 들어, 테슬라Tesla, Inc., TSLA 주식을 기초자산으로 행사가 200달러, 만기 3개월의 콜Call 옵션은 테슬라 주식을 200달러에 매수할 수 있는 권리이다. 이를 보유한 사람은 3개월 이내에 테슬라 주가가 200달러를 초과하게 되면 자신의 옵션을 행사하여 200달러에 테슬라 주식

8 옵션을 행사기간으로 분류하면 크게 3가지로 분류되는데, 정해진 기한 내에 행사할 수 있는 American Option, 정해진 시점에 행사할 수 있는 European Option, 그리고 정해진 기한 내에 특정 시점들에만 행사할 수 있는 Bermudan Option이다.

을 매입할 수 있다. 주가가 250달러까지 올라갔다면, 선택권인 옵션을 행사하여 200달러에 주식을 매수함과 동시에 250달러에 매도하면서 50달러의 차익을 얻을 수 있다.

반대로 행사하지 못한 채로 옵션 만기일에 주식가격이 150달러로 하락하였다면, 150달러짜리 주식을 200달러에 매입을 할 이유가 없으니 옵션 보유자는 권리를 행사하지 않게 된다.

옵션의 가치를 평가하는 복잡하고 정교한 여러 수학적 모델들이 있지만, 직관적으로 판단하더라도 옵션의 가치가 0 미만이 될 수는 없다. 따라서 옵션이라는 선택권은 보유한 사람이 수익을 낼 수 있는 기회는 가지고 있지만, 행사를 하면 손해 보게 될 상황에서는 당연히 행사하지 않을 것이기 때문에, 만기의 현금흐름은 옵션 보유자에게 늘 0을 포함하여 0 이상의 현금흐름을 가져온다.

마찬가지로 무언가를 선택할 수 있는 권리는 심지어 선택하지 않는다고 하더라도 가치가 있다. 여기서 그 무언가가 내가 아닌 누군가의 회사에서 월급을 받기 위해 정년까지 근무할지 여부라면, 자기중심의 삶을 살 수 있는 권리를 가진 것이며 매우 큰 가치가 있다.

노동선택권을 소유한다는 의미

월급을 벌기 위해 일하는 것이 즐거울 수 있을까?

2003년 대기업 그룹 공채 신입 사원 시절, 여느 회사들이 그렇듯이 신입 사원들에게 관심이 많았다. 특히 나는 큰 체격에다 목소리도 커서 다양한 사내 행사에 참여하면 알아보는 선배 사원들이 많았는데, 나를 보면 흔히들 하시는 질문이 있었다.

"어이, 신입 사원~ 회사 생활 재미있냐?"

그냥 단답식으로 그렇다고 대답하거나 재미있게 잘 지내고 있다고 대답해도 됐을 테지만, 엄연히 나는 잘 지내고 있지 않았다. 거의 대부분의 시간을 복사실에서 제본이나 뜨고 정수기 물통이나 갈면서 보냈고, 제대로 된 업무를 받지 못했지만 마냥 땡땡이를 칠 수도 없어서 PC 앞에 앉아 졸지도 못한 채 멍하니 화면만 들여다보며 웹서핑이나 하고 있었다. 그 의미 없는 하루하루가 너무나 갑갑하고 우울했었다. 그런 나 자신을 굳이 감추면서 선배들에게 즐거운 척을 하고 싶지 않았기에 매번 대답하기가 고역이었다. 그러다 언젠가부터 꽤 효과적인 대답을 하기 시작했다.

"아~ 안녕하십니까? 회사 생활이요? 회사 생활이 재미있으면 돈 내고 다녀야죠. 하하."

일부 선배들은 버르장머리가 없다고 보기도 했을 테지만, 그분들의 처지도 크게 다르지 않았을 것이기에 딱히 혼을 내거나 반박하지는 않았다.

맛있는 음식을 먹으러 가거나, 영화를 보거나, 여행을 가거나, 즐겁고 재미있는 일을 하기 위해서는 비용이 들어간다. 정말 회사를 다니는 것이 즐겁고 일이 재미있다면, 돈을 내면서도 회사를 다닐 의향이 있어야 하는 게 아닐까? 아니, 적어도 돈을 받지 않고서라도 회사에 다닐 생각이 있는 사람이 과연 있을까?

$$\text{업무의 상대적 효익} = \frac{\text{해당 업무로 인해 발생하는 모든 효익}}{\text{해당 업무로 인해 유발되는 모든 괴로움}}$$

당시에 혼자 고민해봤던 공식이다. 여기서 '해당 업무로 인해 발생하는 모든 효익'은 연봉은 물론이고 더 나아가 사회적 지위, 연봉 증가 가능성, 직업의 안정성 등까지 포함하는 개념이다. '해당 업무로 인해 유발되는 모든 괴로움'은 그 일을 하기 위해 희생하는 시간, 건강, 정신적 스트레스를 포함하는 개념이다.

연봉과 시간 등의 몇몇 항목을 제외하고는 지극히 주관적인 개념들이기에 수치화하기는 어렵겠지만, 각자 느끼는 바가 있을 것이다. 간단하게 정리하면, 내가 현재 받고 있는 연봉 대비 얼마나 스트레스를 받는 지가 업무를 선택하는 기준이 될 거라는 생각이었다.

자신이 하고 있는 일이 정말로 즐겁고 행복한 사람은 많지 않을 것이다. 적어도 내 주변에 있는 월급쟁이들 중에서는 본 적이 없다. 물론 간혹 연봉이나 사회적 지위 등 자신이 누리고 있는 효익에 비해 현재 하고 있는 일을 즐길 만하다고 생각하는 사람들은 있는데, 그들은 적성에 맞는 직업을 가지고 있는 부러운 사람들이다.

만약 경제적인 여유가 충분해서 월급을 받기 위해 일을 하지 않아도 되는 사람이 되었다면 어떨까? 상대적인 개념인 '해당 업무로 인해 발생하는 모든 효익'은 줄어드는 반면, '해당 업무로 인해 유발되는 모든 괴로움'은 체감적으로 더 커질 것이다.

그 당시 느꼈던 정도의 스트레스와 좌절감 정도면, 당장 회사를 그만두고 잠시 여행이나 다니면서 여유롭게 하고 싶은 일을 찾아봤을 수도 있고, 전혀 다른 업종의 경험이 궁금해서 기웃거렸을 수도 있었을 것이다. 직접 회사를 설립하여 원하는 사업을 하며 자기 자신을 위해 일할 수도 있고, 특별히 하고 싶은 일이 생길 때까지 소일거리 삼아 작은 식당이나 카페를 운영할 수도 있으며, 그냥 아무것도 하지 않을 수도 있다.

좋아하는 영화 중 하나인, 2005년 개봉한 크리스토퍼 놀란Christopher

Nolan 감독, 크리스찬 베일Christian Bale 주연의 배트맨 비긴즈Batman Begins에서 브루스 웨인Bruce Wayne의 어린 시절 친구이자 검사인 레이첼 도스Rachel Dawes는 한 파티장에서 자신이 배트맨이라는 사실을 숨기기 위해 평상시에 돈 많은 망나니 연기를 하던 브루스 웨인을 만나 이렇게 말한다.

"네 안의 누군가가 아니라, 네가 하는 행동이 너 자신을 정의한다.
It is not who you are underneath, but what you do that defines yourself."

마음속에 아무리 대단한 아이디어와 생각을 가지고 있고, 아무리 큰 꿈을 품고 있다 하더라도, 노동을 선택할 수 있는 권리가 없어서 현재 다니고 있는 회사를 그만둘 수가 없고 실행에 옮길 수가 없다면? 그 사람은 그냥 그 회사의 월급쟁이인 것이다.

2

진짜 부자는 원하는 일을 하는 사람이다

부르주아와 프롤레타리아

한국의 근현대사는 서양의 문화를 직접적 혹은 간접적으로 수용하면서 일어났다. 1894년 갑오경장과 1895년 을미개혁 이후 신분제도가 폐지되기 시작하면서 독립협회와 만민공동회가 개최되고 노비 해방을 결의하여 시민운동을 해 나갔었지만, 1899년 황실에 반역하는 단체로 몰리는 등 근본적인 변화를 일으키지는 못했다고 한다. 이후 일제 시대에 먼저 서양화된 문물을 지녔던 일본과 기타 외세로부터 영향받으면서 계급 사회가 사라졌기에, 한국 사회 계층을 이해하려면 국내가 아닌 서양 계층 사회의 역사를 살펴봐야 할 것이다.

1848년 칼 마르크스Karl Marx와 프리드리히 엥겔스Friedrich Engels가 공동 집필한 과학적 공산주의의 강령적 문서인 '공산당선언Communist Manifesto'의 제1장 부르주아와 프롤레타리아Bourgeois and Proletarians에서는, 생산수단Means of production의 보유 여부로 부르주아와 프롤레타리아 계급Class을 분류하였다.

부르주아Bourgeois란 원래 성에 둘러싸인 중세 도시에 거주하는 주민을 일컫는 말이었다. 중세 시대 도시에서 생활하던 프랑스 시민들은 농사보다는 상업이나 공업에 종사하는 상공업자들이 대부분이었다. 이들이 17~18세기에 사유재산을 가지게 되면서, 왕이나 귀족들의 무분별한 세금 부과에 반발했고, 다양한 혁명을 일으키면서 시민 사회가 발달하게 되는 계기가 되었다. 이들은 대부분 노동 이외의 생산수단을 보유한 시민들이었기에 유산계급(有産階級), 혹은 자본가라고 불리게 된다.

무산계급(無産階級)이라 불리는 프롤레타리아Proletariat는 고대 로마에서 최하위 계급을 뜻하는 proletarii에서 유래되었다. 로마 시대의 군역(軍役)에서는 아스As라고 불리는 당시의 동전을 기준으로 소유 재산이 11,000개 미만인 사람들은 최하위 계급으로 분류되었는데, 이들은 재산 대신 자식들이 기재되었기에 프로레타리우스proletarius, 즉 라틴어로 자식Prōlēs을 생산하는 사람을 어원으로 하는 말로 불렸으며, 자식 말고는 가진 것이 없는 사람들을 의미한다.

자본가계급은 경제학적으로 생산의 2요소라고 불리는 자본과 노동 중 자본을 보유하고 있으며, 사업가, 주주, 공장이나 기계 소유주, 토지주 등이 포함된다. 반면에 노동자계급은 노동을 제외하고는 제공할 수 있는 재화나 용역이 없기에, 자본가계급의 생산 수단과 결합하여 소득을 창출할 수밖에 없다. 한정된 노동을 공급하여 얻을 수 있는 노동소득에는 한계가 있는 반면, 자본은 무한히 증가할 수 있으므로, 자본가계급은 자본소득으로 자본을 더욱 축적시킬 수 있으며, 이론적으로 끝없이 증가할 수 있다.

마르크스와 엥겔스의 '공산당선언'이 집필된 시기는 영국의 산업혁명이 이루어진 지 얼마 안되는 시점이었고, 대부분의 산업이 제조업에 치중되었던 시기였기에 거액의 투자금이 필요한 사업이 일반적이었다. 따라서 일반인으로서는 자본금, 토지, 기계 등의 생산설비를 갖추는 것이 거의 불가능했을 테지만, 자본가계급은 노동자들을 더 착취할 수 있었을 것이고, 결국 그 착취가 공산주의의 탄생을 부추겼을 것이다.

현재는 하류층에서 중산층, 중산층에서 상류층으로의 계층 이동이 힘들기는 해도 불가능한 일은 아니기에, 계급이라기보다는 막스 웨버 Max Weber가 사용했던 상하 이동이 가능한 계층이라는 표현을 쓰는 것이 적합할 것이다.

마르크스와 엥겔스가 계급 구분의 기준으로 삼았던 생산수단이라는 개념은 넓은 의미에서 아직 존재하지만, 당시 2차 산업 위주였던 생산수단에는 많은 변화가 있어 왔다.

물론 현재까지도 투자 가능한 자본 규모와 당시의 토지의 개념을 확대시킨 토지와 건물 등의 부동산 보유 여부가 여전히 중산층과 상류층으로 분류되는 기준이고, 「소득」에서 언급하였듯이 월급쟁이가 월급만 가지고 부자가 될 가능성은 희박하기에 계층간 이동이 어려운 것은 유사하다. 하지만 지금은 특별한 기술과 아이디어가 있으면 엔젤투자자나 벤처캐피털 등으로부터 상당한 규모의 투자를 받아 사업주가 될 수도 있고, 투자를 받지 못한다 하더라도 소규모 자본으로 창업할 수 있는 아이템들이 많다. 또한 소액으로도 주주가 될 수 있으며, 금융상품을 비롯한 다양한 투자대상들은 더 이상 가진 자들만의 전유물이 아니다. 소액의 자본도 생산수단이 될 수 있기에, 생산수단의 소유 여부로 계층을 분류한다면 누구나 부르주아가 될 수 있을 것이다. 또한 근로자이면서 부동산 임대인이고, 근로자이면서 동시에 주주이며, 심지어 어떤 회사에서는 근로자이지만 자신이 소유한 회사가 있는 사업가로 투잡을 뛰는 경우 등 자본가계급인 동시에 노동자계급인 사람들도 상당할 것이다.

'공산당선언'처럼 계급투쟁을 할 마음이 없으니 굳이 계층을 나눠야 할 필요는 없지만, 실제로는 어떤 구분되는 기준에 의해 계층이 분류되게 마련이다. 다양한 목적에 의해 여러 가지 방법으로 분류되는데, 예를 들면 금융회사 PB Private Banking 센터들이 자주 사용하는 기준인 금융자산 10억 원 이상 그리고 최근에 리멤버가 리멤버 블랙의 기준으로 삼았던 연봉 1억 원 이상 등이 있다. 재산이나 소득을 기준으로 고객을 일반 고객, VIP, VVIP 등으로 분류하는 건 이제는 너무나도 당연해 보인다.

노동선택권 보유 여부에 따른 계층의 분류

U.C. 샌디에이고 대학University of California San Diego의 발레리 레이미Valerie A. Ramey와 노스캐롤라이나 주립 대학University of North Carolina at Chapel Hill의 네빌 프랜시스Neville Francis는 그들의 논문[9]에서 1900년부터 2005년까지 미국의 근무·가사 활동·여가·수업 시간 등을 조사해 통계를 냈는데, 25세에서 54세까지 한창 사회생활을 할 연령대의 여가 시간이 1900년부터 1980년까지 주 평균 5시간 증가에 그쳤고, 이마저도 2005년에는 다시 1900년대 수준으로 돌아갔다고 한다.

1930년에 거시경제학의 아버지라 불리는 경제학자 케인즈John Maynard Keynes는 생산성의 증가로 인해 100년 이후에는 큰 폭으로 여가

9 A Century of Work and Leisure by Valerie A. Ramey and Neville Francis, American Economic Journal: Macroeconomics 2009, 1:2, 189-224

시간이 증가할 거라고 예측했는데, 이는 현재 크게 빗나간 예측이 되어 가고 있다.

현대 자본주의 사회에서 노동선택권을 보유하지 못한 노동자계층은 부르주아 혁명 직후의 노동자계급과 마찬가지로 끊임없이 노동을 팔아 생활을 유지해야 하며, 그들의 삶은 적어도 여가 시간 기준으로는 지난 100여 년 동안 크게 나아지지 않았다.[10] 게다가 대부분 그 삶은 자녀들에게까지 대물림된다.

현실이 이러하기에, 앞서 「노동선택권을 소유한다는 의미」에서 언급한 노동선택권을 보유한 삶과 보유하지 않은 삶은 큰 차이를 보인다.

노동 여부를 선택할 수 있다는 것은 현재 종사 중인 일을 자의에 의해 그만둘 수도 있고, 자신이 꿈꿔왔던 삶으로 인생을 변화시킬 수 있는 선택권이 있는 것이기에, 개인의 자아실현, 삶의 질 확보, 경제적 여유 등 노동선택권을 보유하지 않은 사람과는 명확하게 구분되는 삶을 살 수 있다. 따라서 노동선택권의 보유 여부를 기준으로 계층을 분류하는 것은 의미가 있으며, 이 책에서는 다음과 같이 분류한다.

---

10 2014년 4월 17일에 발레리 레이미(Valerie A. Ramey)는 자신의 웹사이트에 2012년까지 데이터를 추가로 업데이트하였다. 업데이트 된 결과, 2012년 기준 여가 시간은 25~54세 남성의 경우 6.5시간/주, 여성의 경우 5.8시간/주 증가하였다.

• 노동선택권 보유 여부

노동선택권 보유 여부에 따라 1차적으로 노동선택권 미보유 계층과 노동선택권 보유 계층으로 분류하였다.

• 노동선택권 증여·상속 가능 여부

노동선택권 보유 계층을 다시, 후대에 노동선택권 증여 가능 여부에 따라 노동선택권 보유 계층과 노동선택권 보유 및 증여·상속 가능 계층으로 분류하였다.

그림1은 노동선택권을 기준으로 계층을 분류하는 순서도를 표현하였고, **그림2**는 노동선택권을 기준으로 분류한 계층도[11]를 표현하였다.

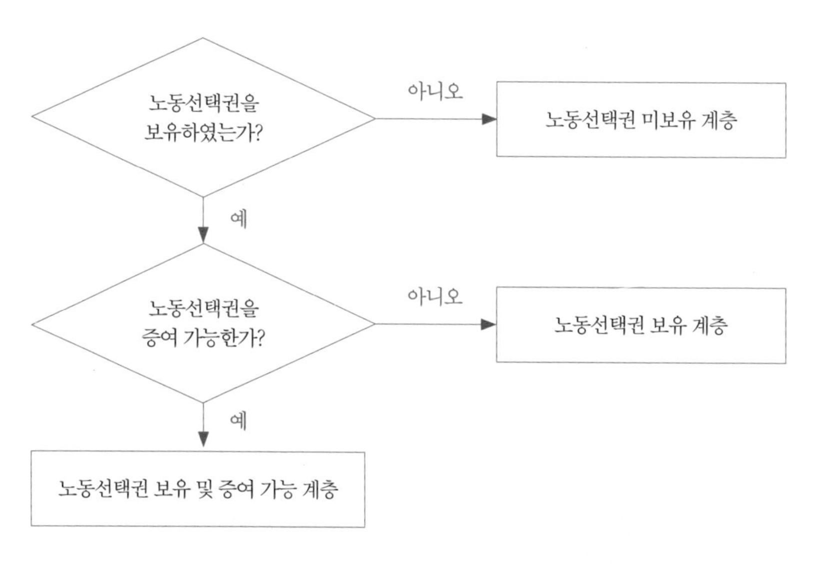

그림1 노동선택권을 기준으로 한 계층 분류 순서도

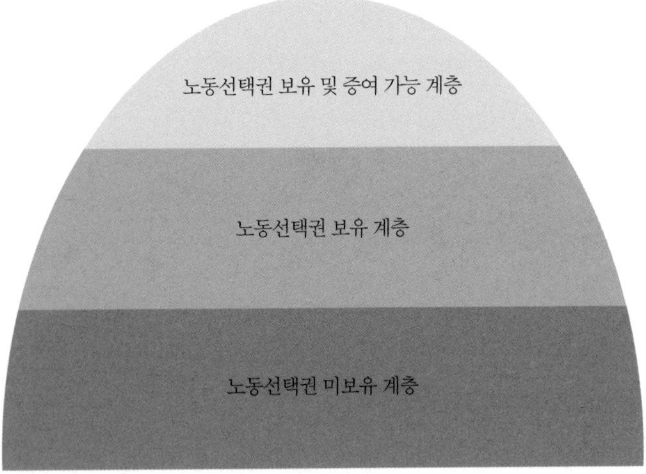

노동선택권 보유 및 증여 가능 계층

노동선택권 보유 계층

노동선택권 미보유 계층

그림2 노동선택권을 기준으로 한 계층 구도

11 사실 계층도는 아래가 매우 두껍고 위는 매우 뾰족한 모습을 보일 것으로 예상된다. '그림2'를 두껍게 표현한 것은 노동선택권 보유 계층이나 보유 및 증여 가능 계층에 대한 위화감을 느끼지 않게 하려는 의도가 일부 포함되어 있다.

노동선택권 미보유 계층

노동선택권을 보유하지 않은 계층이 어떤 사람들인지는 굳이 자세히 설명하지 않아도 될 듯하다. 이 책을 읽는 대부분의 독자들이 속한 계층일 것이고, 특별히 부가 많이 축적되지 않은 사람이나 일반적인 사람 등이 속할 것이다. 또한 노동선택권을 보유한 사람의 여집합 개념이기도 하다.

「소득」에서 잠시 언급하였지만, 나의 첫 직장 생활은 대기업 계열사인 증권회사의 그룹 공채 신입 사원으로 시작하였다. 고등학교 때부터 꿈이 벤처사업가였던 나는 당연히 증권회사에 취직할 마음은 없었다.

자기 사업을 하려고 언제나 아이디어를 고민하고 시도했었지만, 초기 자본금이라는 벽에 막혀 있었고, 5,000만 원 정도의 초기 자본이라도 있었으면 꽤 근사한 시작을 해 볼 수 있었을 거라는 생각을 늘 하고 지냈다. 우선 자금을 마련하면서 어느 정도 경험을 쌓아야겠다는 생각에 학부를 다니는 중에도 인턴과 파트타임 등의 업무를 이곳저곳에서

했었는데, 그 중 한 곳이 2001년 여름에 인턴으로 근무했던 외국계 컨설팅 회사였다.

일단 인턴으로 입사하였고, 바로 프로젝트에 배치되고 나서 보니 프로젝트 대상이 벤처캐피털 기업이었다. 학점도 시원치 않았고, 영어 실력은 더 시원치 않았던 나는, 외국계 컨설팅 회사에서의 인턴 기회를 최대한 활용하고자 했고, 밤 10시에 퇴근하고 나서도 각종 자료를 뒤져보며 부족한 부분을 보충했었다. 프로젝트 팀원 및 팀장들하고도 관계를 원활히 하려고 회식 자리에서도 열심히 노력하면서 지내다 보니, 본사 파트너들도 해당 프로젝트에 일당백 인턴이 하나 있다고 하면서 남의 팀 회식에 굳이 참석해 옆에 앉혀 놓고 술 대결도 하곤 했었다. 그해 여름 방학 내내 정말 무던히 애를 쓰면서 어떻게든 졸업 후에 다시 오라는 제안을 받으려고 했던 나는, 결국 인턴 기간을 마치는 마무리 인터뷰에서 졸업하고 꼭 다시 오라는 인사 담당자의 구두 제안을 받을 수 있었다. 졸업까지 약 1년 반 정도 남아 있는 시점이었다.

오케이, 이제 여기보다 더 좋은 회사만 지원하고, 만약 안되도 최소 여기서 일할 수 있겠다고 생각하며, 다시 원래 관심이 있던 분야로 돌아가 신생 기업 및 소기업 들에서 파트타임 업무를 하는 동시에 학업을 병행했다.

같은 해 2001년 10월, 미국에서는 휴스턴을 기반으로 한 에너지 기업인 엔론Enron Corporation의 1천억 달러 규모 회계 부정 스캔들이 터졌다. 아직 대학생일 때였으니 별 관심도, 생각도 없었다. 하지만 알고 보니 제안을 받았던 컨설팅 회사의 모회사가 엔론을 담당하던 회계법인이었고, 다음 해인 2002년 8월 31일, 결국 회계법인으로서의 인허가를 반납하고 사업을 접으면서 한국에 있던 컨설팅 회사 자체가 아예 사라져 버렸다.

이미 제안을 받았던 터라 졸업까지 6개월도 남지 않은 나에게 하나의 보험이 사라졌다는 사실은 황당한 소식이었다. 취업을 못해서 어쩔 수 없이 대학원에 가야하는 상황을 만들고 싶지 않았기에, 어떤 회사를 어떻게 지원해야 하나 고민하기 시작했다.

'우선 벤처캐피털 회사에 지원해보자.'

언젠가 멀지 않은 미래에 벤처사업을 하고 싶은 꿈이 있으니 벤처기업에 투자하는 투자자들과의 인맥을 쌓으며 그들의 사고방식을 배워야겠다고 판단했다. 나는 공채가 뜨지도 않은 여러 벤처캐피털 회사들 대표 이메일 계정으로 무작정 간략한 자기소개와 함께 이력서를 제출하기 시작했다.

하지만 그 어느 곳과도 인터뷰조차 해 보지 못했고, 그나마 답장이라도 온 곳은 정중하게 거절하는 이메일을 보내왔다. 어쩌면 당연한 결과였다. 1995년부터 2000년 3월까지 미국의 나스닥NASDAQ 지수는 약 400% 상승하면서 버블을 형성했고, 그 버블이 터지면서 2002년 10월과 2000년 3월 대비 74%가 하락하면서 모든 급등을 되돌렸다. 이는 닷컴 버블Dot-com Bubble로 기억되는데, 나는 그 와중에 벤처캐피털 회사들에 경력도 없는 신입으로 지원하고 있었던 것이다.

다음 계획은 IT 서비스 회사였다.

'그래, 그렇다면 일단 IT 산업을 배워 아이디어와 인맥을 쌓고 창업

의 기반으로 삼자.'

몇몇 대기업의 IT 서비스 자회사들 중 괜찮아 보이는 회사를 목표로 삼고, 2002년 9월에 지원하고 채용 일정을 살펴보니, 결과가 11월 중반은 지나야 나올 것 같았다. 11월에 불합격 통지를 받게 되면 선택의 폭이 너무 좁아질 것 같았기에, 일단 더 많은 회사들을 지원하기로 했다. IT 서비스 회사를 몇 군데 더 썼고, 벤처캐피털은 결국 IT와 금융의 조합이라고 볼 수 있을 테니 금융회사들도 지원했다. 학점이 낮아서 은행들은 서류 통과도 힘들어 보였기에 몇몇 증권회사들에 지원했다. 그래도 초조했던 나는 그 이후로는 자동차 회사, 마케팅 회사, 제약 회사 등등 마구잡이로 지원하기 시작했다.

11월 중순 즈음 제일 처음 지원했고, 지원했던 회사들 중 가장 가고 싶었던 IT 서비스 회사와 증권회사 중 가장 괜찮아 보였던 회사 모두에게서 합격 통지가 왔다.

대부분의 신입 지원자들이 그렇듯이, 그 회사들이 정확히 무슨 일을 하는지, 입사하게 되면 어떤 일을 하게 되는지는 솔직히 별로 아는 것이 없었다. IT 회사가 원래 목표였지만, 증권회사는 어떠한지 알아보고 싶었기에 입사 전 간단한 오리엔테이션에 참석했다.

그 회사는 늘 그런 식이었다. 연봉을 물어보는 한 합격자에게 신입 사원 초봉을 그냥 알려주면 될 걸 굳이 1~2년 전에 입사한 선배의 연봉 내역을 보여줬다. 우리가 본 숫자는 약 4,000만 원이었다. 이십여 년 전이긴 하지만, 신입 사원 연봉 4,000만 원 언저리의 회사들은 꽤 있었고, 당시 업계 1위의 증권사였기에 다들 자신의 연봉이 4,000만 원 정도일

줄 알았다.

원래 가고자 했던 IT 서비스 회사는 연봉이 2,600만 원이었으니 1.5배가 넘는 금액이었다. 어차피 3~4년 정도 다니면서 열심히 초기 자금을 모으고 경험과 인맥을 쌓아서 자기 사업을 하려던 나에게 1,400만 원의 연봉 차이는 충분히 매력적이었고, 결국 그 증권사로 입사하게 되었다. 입사하고 나서야 사실은 연봉이 2,670만 원이라는 걸 알았고, 그룹 연수, 본사 교육, 하계 수련대회 차출 등을 정신없이 마치고 나니 이미 입사한 지 6개월이 지나고 있었다. 11개월을 채 못 버티고 2003년 11월에 외국계 증권사로 이직하여 외화채권 영업을 담당하였으며, 이후 2023년 봄까지, 관심도 없었던 금융업에 종사하였다.

꿈꾸어 왔거나 하고 싶었던 일이 아니고 즐길 수 있는 일은 더더욱 아니었지만, 나름 적성에는 맞고 나의 능력으로 잘 할 수 있었던 일이었다. 또한 업계 연봉 체계가 매우 투명해서 꽤 많은 급여를 받을 수 있었던 점이 그나마 운이 좋았던 것 같다.

만약 그때 경제적인 이유로 직업을 선택하지 않아도 되었다면 어땠을까? 성공한 벤처사업가의 꿈을 이뤄냈으리라는 보장은 없지만, 지금만큼의 부를 축적하지 못했을 지도 모르지만, 내가 원하는 그 무언가를 원 없이 시도해 볼 수는 있었을 것이다. 그 결과가 비록 성공이 아닌 실패였을 수도 있었겠지만, 적어도 마음 한 켠에 이루지 못한 꿈, 아니 시도조차 해보지 못한 꿈으로 남아 있지는 않을 것이다.

하지만 경제적 여유, 즉 스스로 노동을 선택할 수 있는 권리가 없었던 나는 위험이 적고 실패 가능성이 낮은 월급쟁이의 삶을 살 수밖에 없었고, 대부분의 사람들 역시 그렇게 살고 있다. 그 삶에서 벗어나기 위해서는 충분한 부의 축적과 효율적으로 운영되는 부업 등의 준비가 필요하며, 월급쟁이 생활을 병행하면서 준비한다면 꽤 오랜 시간을 준비해야 할 것이다.

2014년 TV 드라마로 제작되어 방영되었던 윤태호 작가의 웹툰 〈미생〉 81화에서는, 퇴직해서 자영업을 시작했지만 사업이 여의치 않은 오과장의 선배가 찾아와 오과장에게 이런 말을 한다.

> "회사가 전쟁터라고? 밀어낼 때까지 그만두지 마라. 밖은 지옥이다."

많은 직장인들보다 월급쟁이 생활을 청산하고 자기 사업을 하고 있는 사람들이 느끼는 바가 많은 대사일 것이다. 회사가 아무리 힘들고 괴롭다고 해도 울타리가 되어주고, 매월 꼬박꼬박 월급을 챙겨주어 당장 먹고살 걱정은 하지 않도록 해주기에, 삶의 위험을 줄여주는 든든한 방패막이가 되어준다. 그렇지만 대부분의 직장인들은 기업에서 자신의 업무가 즐겁고 보람차지만은 않을 것이고, 그 삶에 찌든 나머지 자신이 가졌던 꿈과 희망은 기억하지도 못한 채 살고 있다. 그리고 아이러니하게도 월급쟁이 생활만을 유지하면서는 부자가 되거나 노동선택권자가 되는 건 사실상 불가능에 가깝다고 할 정도로 가능성이 낮으며, 자신이 근무하는 회사와 그 생활에 안주하게 될수록 그 가능성은 더욱 희박해진다. 노동선택권이 없는 우리는 먹고살기 위해 끊임없이 일을 해야 하고, 그 삶에 익숙해져 갈수록 매우 높은 확률로 우리의 자녀들도 비슷한 삶을 살아갈 수밖에 없게 된다.

노동선택권 보유 계층

앞서 언급하였듯이 노동선택권을 보유하지 못한 사람들은 일반적인 사람들, 즉 대부분의 월급쟁이들일 것이다. 그렇다면 노동선택권을 보유한 사람들은 어떤 사람들일까?

노동선택권 보유자는 자기 자신이 노동을 지속하지 않아도 현재의 지출, 그리고 앞으로의 지출을 감당할 수 있는 사람들이다. 꼬마빌딩이나 오피스텔 등의 수익형 부동산을 소유하여 꾸준한 월세 수입이 있는 사람, 주식을 비롯한 금융상품이나 암호화폐로 매일 수백만 원의 수익을 창출하고 있는 사람, 은행 예금 이자로 연 이자 수입이 상당한 사람, 음원 등의 저작권으로 매월 꾸준한 수입을 유지하는 사람, 엔젤투자가 성공하여 성공한 스타트업의 지분을 보유한 사람 등 근로 여부에 관계없이 꾸준한 수입이 있는 사람들, 그리고 수입이 자신의 생활을 유지하기에 충분한 사람들 모두 노동선택권을 보유한 사람들이다.

위에 언급한 사례들은 공기업, 대기업, 중소기업 등에 근무하는 월급쟁이에게는 조금 먼 이야기로 보일 수 있겠지만, 노동선택권을 보유하는 방법은 그 이외에도 많다.

4대 연금, 즉 국민연금, 공무원연금, 군인연금, 사립학교교직원연금 중에서 특히 공무원연금, 군인연금, 사립학교교직원연금을 수급하고 있는 사람들도 노동선택권을 보유하고 있을 가능성이 높다. 국민연금공단 국민연금연구원[12]에 따르면, 2019년 말 기준 국민연금 평균 연금 월액은 527,075원, 공무원연금의 경우에는 2,480,708원이었다. 2022년 사학연금 수급자[13]는 94,086명으로 평균 연금 금액은 2,994,830원이다. 해당 수치는 평균 수치로 2022년 1월 기준 국민연금 수령액 200만 원이 넘는 사람이 2천 명이 넘고, 공무원연금의 최고 수령액은 700만 원을 훌쩍 넘으며, 군인연금의 경우에도 최고 수령액이 550만 원이 넘는다.

우리 주변에서도 월 300~400만 원 정도의 연금을 수급하는 공무원연금, 군인연금 혹은 사학연금 수급자, 그리고 은퇴 이후에 그 정도의 금액을 수급하게 될 사람들을 어렵지 않게 찾을 수 있다. 또한 부족해 보이는 국민연금 수급액을 보충하기 위해 연금보험에 가입하여 일정 수준의 연금 수령액을 확보한 사람들도 있을 것이며, 부부 모두 수급

12 국민연금공단 국민연금연구원 정책보고서 2021-01 공적연금 제도 간 격차와 해소방안, (성혜영/신승희/유현경)

13 공공데이터포털, (https://www.data.go.kr/), 사립학교교직원연금공단_사학연금수급자 현황(연도별 연금수급자 및 연금액)

대상자이거나 부부 중 한 명만이 국민연금 수령자라 하더라도 부부 합산 수령액은 매우 여유로울 것이다.

정년에 가까운 사람들이라면 대부분 자식들이 이미 장성하였기에 부모의 경제적인 도움이 크게 필요하지 않을 것이고, 주거 비용이나 생활 비용이 과다하지 않다면 대부분 노동선택권을 보유하게 될 것이다. 이 사람들은 먹고살기 위해 근무하지 않아도 될 테고, 하고 싶었던 일을 하거나 여생을 즐기면서 살아갈 수 있다. 하지만 수급되는 연금은 증여나 상속이 불가능하기에 자녀들에게는 노동선택권이 부여되지는 않는다.

소득대체율이 높은 연금에 가입할 수 없었다면, 부업으로도 가능할 수 있다. 최근 들어 '오토로 돌린다'는 표현을 자주 듣게 되는데, 이는 초기 창업 때는 어느 정도 신경을 써야 하지만 창업 이후에는 사업주의 노력이 매우 적게 들어가는 사업 구조를 의미한다. 예를 들면 컨셉을 잘 갖춰서 식당을 차린 다음, 믿을 만한 셰프와 매니저를 두어서 매일매일의 업무를 수행하고, 사업주는 중요한 의사 결정, 전략 방향, 일정 금액 이상의 이례적인 비용 지출 등에 대해서만 그들과 상의하는 경우다.

커피숍과 같은 업종은 크지 않은 자본으로 창업이 가능할 테고, 시스템을 잘 갖춘다면 사업주의 노동 투입 없이 일정 수준의 수익 확보가 가능하다. 코인 세탁실이나 무인 반찬 가게 등 적은 시간을 들여 일정 수준의 수입을 얻을 수 있는 사업 아이템은 상당히 많다. 사실 대부분의 임대 사업자들 또한 계약과 사후 관리 등을 제외하고는 특별한 노동 투입 없이 수익이 발생하기에 '오토로 돌아가는' 사업주라고 볼 수 있다.

물론 생각대로 소득이 발생하지 않거나, 오히려 손해가 나게 되거나, 유행이나 경쟁 상황이 변하거나, 아니면 믿었던 관리자가 배신하는 등 오히려 투자금을 손해 보게 되는 위험은 늘 존재한다. 하지만 준비 단계에서 충분한 시간을 들여 많이 알아보고, 잘 짜여진 계획으로 합리적인 판단을 한다면 수익 발생이 가능할 수 있다. 크게 타격을 입지 않을 정도의 투자 규모로 부업을 시작해서 경험을 쌓고 조금씩 규모를 늘려나가면 일정 수준의 현금 흐름을 만들어 낼 수 있을 것이며, 그 현금 흐름이 경제적 여유를 제공할 수 있다.

노동선택권 보유 및 증여 가능 계층

노동선택권을 이미 보유하고 있으면서, 2023년 과세표준을 기준으로 50%에 달하는 상속·증여세[14]를 고려하고도 자녀들에게 노동선택권을 물려줄 수 있는 사람들을 노동선택권 보유 및 증여 가능 계층으로 분류하였다.

금전적 이유로 자신이 굳이 하고 싶지 않은 일을 하지 않아도 될 뿐 아니라, 자녀들에게도 하기 싫은 일을 억지로 하지 않게 해줄 수 있는 계층이다. 앞서 언급했던 막연한 금액인 100억 원이면 경우에 따라 모자랄 수도 있고 넉넉할 수도 있다. 이 계층으로 올라가는 것이 나의 목표이고, 이 책의 내용이 정리되게 된 배경이다.

학교 생활을 하고 있던 때와 사회 초년생 때는 노동선택권 보유 및

14 2023년 기준, 30억 원 초과 금액에 대한 상속·증여세율은 50%이다.

증여 가능 계층, 그러니까 당시 생각하기로 '놀고먹어도 되는' 부자들은 매우 극소수라고 생각했다. 아직까지 주변의 많은 사람들도 비슷한 생각을 하고 있는 듯한데, 이는 아마도 사람들의 머릿속에 있는 계층도가 **그림3**처럼 보여서 인 것 같다.

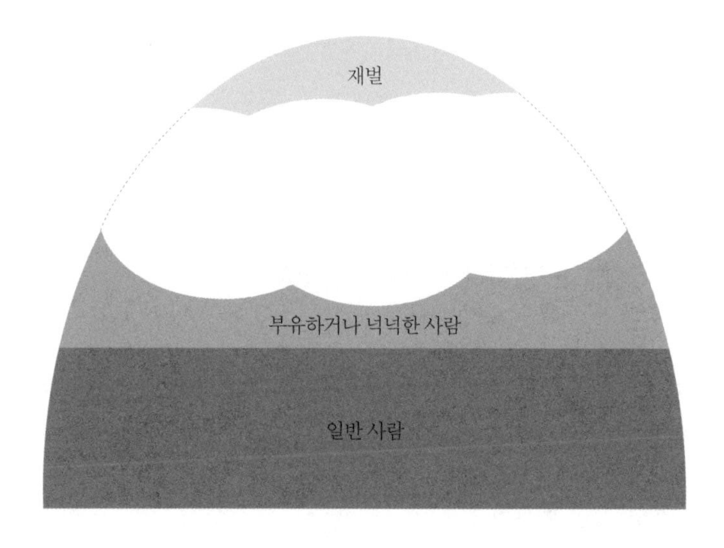

그림3 대부분의 사람들이 느끼는 것으로 보이는 계층도

그림3을 보면, 대부분의 일반 사람들과 소수의 부유한 사람들, 그리고 그 위에 단절된 것으로 보이는 소수의 재벌로 분류되어 있다. 어린 시절의 나도 그랬듯이, 어느 정도의 부를 축적하지 못한 사람들에게는, 대부분의 사람들이 일반 사람들로 보일 것이다. 그리고 그중에서 자신이 알고 있는, 일부의 남들보다 넉넉하거나 부유한 사람들이 보일 것이다. 하지만 아직 부유한 사람들 축에 끼지 못한 일반 사람들의 눈에는,

그 부유한 사람들 중에서도 더 부유한 사람들은 잘 보이지 않고, 언론이나 SNS 등에 노출되는 맨 위의 재벌들만 보일 것이다.

우리 부모님들이나 조부모님들이 재벌 창업주가 아닌 이상 노력해서 재벌 2세나 재벌 3세가 되는 것은 어차피 불가능하니, 맨 위는 그냥 동경의 대상이거나 혹자들에게는 비난의 대상이 될 뿐이다.

하지만 이 시각에서 보이지 않는 계층이 있는데, 바로 재벌과 부유하고 넉넉한 사람 사이에 있는 노동선택권 보유 및 증여 가능한 계층이다. 보이지 않아서 존재하지 않는다고 생각하기보다는, 아예 생각하지 못하는 경우가 더 많은 것 같다. 스타트업과 암호화폐, 로또 당첨 등은 일부 노력도 있었겠지만, 어마어마한 행운이 따라서 벼락부자가 된 사례이기도 해서 노력만 해서는 달성할 수 없을 거라고 생각될 것이다. 이 이외에 꾸준한 노력과 합리적이고 현명한 판단, 그리고 약간의 행운으로 노동선택권을 보유하게 되는 사람들에 대한 이야기는 사실상 접하기 힘들기에, 노동선택권을 증여할 수 있는 사람들이 생각보다 많다는 사실을 미처 깨닫지 못하는 듯싶다. 위의 구름 낀 빈 공간에는 우리가 생각하는 것보다 훨씬 더 많은 사람들이 분명히 존재하고 있으며, 그 위로 올라가는 것이 불가능하지 않다.

나는 사회 생활을 어느 정도 하고 개인 자산을 어느 정도 축적하면서, 이 노동선택권 보유 및 증여 가능 계층에 있는 사람들이 눈에 보이기 시작하였고, 생각보다 많은 사람들이 자녀들에게 노동선택권을 물려줄 수 있다는 걸 깨달았다.

예전에 부모님과 함께 서울 테헤란로를 차로 지나고 있을 때였다.

아버지와 이런저런 대화를 하던 중에 서초역 언저리에서 아버지가 물으셨다.

"그래, 넌 회사 다니면서 맨날 돈, 돈 벌어야 한다고 떠드는데 너의 목표가 도대체 얼마냐?"

나는 대답했다.

"뭐… 아직 구체적인 금액을 생각해 보진 않았지만, 한 100억은 벌어야 하지 않겠습니까?"

지금 기준에서도 100억 원 정도면 노동선택권 보유 및 상속 가능 계층에 진입할 만한 수준이다. 꽤 좋은 집을 구입하고 남은 금액으로 예금보다 조금 더 높은 수익을 얻을 정도의 안전한 투자를 한다면, 넉넉한 생활을 하기에 충분한 고정 수입이 생길 것이다. 물론 원하지 않는 일을 하면서 살 필요도 없을 것이다. 쓸데없이 고가의 주택이 아닌, 한 가족이 살기에 합리적이고 적정한 가격대의 아파트에서 제한적인 지출을 하며 현명하게 투자하여 자산을 잘 굴리면, 자녀 교육에 들어가는 비용과 생활비, 문화 생활을 위한 충분한 지출을 하면서도 조금씩 자산을 불려가며 나의 아이들에게도 증여세나 상속세를 제외하고 상당한 수준의 자산을 대물림할 수 있지 않을까 싶었다.

그런데 그때 아버지의 반응은 솔직히 좀 놀라웠다.

"100억? 야, 요즘 세상에 100억이 돈이냐? 아직 젊은 놈이 그렇게 포부가 작아서 어디다 쓰겠냐?"

참 충격적인 반응이었다. 평생 월급쟁이셨던 아버지가 월급으로 100억 원을 벌어보셨을 리가 없고, 실상 100억 원이 어느 정도 금액인

지도 가늠하기 힘드셨을 테니 말이다. 나는 속으로 아버지가 장난을 치시거나 허세를 부리시는 거라고 생각하면서 여쭸다.

"아버지, 100억이 얼마나 큰 돈인데, 너무 우습게 생각하시는 거 아닙니까?"

그다음 말씀은 더 놀라웠지만, 충분히 설득력이 있었다.

"이 옆에 건물들을 봐라. 저 건물들이 한 채에 얼마쯤 하겠어? 당연히 100억은 넘어 보이지? 이 길 위에만 건물이 저렇게 많고, 또 저 이면도로에 있는 건물들도 하나하나 100억은 넘을 텐데, 그러면 세상에 100억 자산가가 얼마나 많겠어? 아직 젊은 놈의 배포가 어떻게 저 수많은 사람들 중에 하나가 되는 걸 꿈으로 가질 정도밖에 안되냐?"

정확한 통계 자료를 찾기는 힘들겠지만, 강남3구라고 불리는 강남·서초·송파구의 테헤란로를 따라 지어진 대형 건물들은 대기업이나 중견기업이 보유한 경우가 대부분일 것이다. 하지만 그 이면도로 및 그 이외 지역의 건물들은 대부분 개인, 가족 법인, 혹은 건물 보유 및 관리를 위해 설립된 법인이 보유한 경우가 많을 것이다. 공공시설 및 종교시설 등을 제외하고 2022년 말 기준으로 강남3구에는 약 19,005개의 건축물이 있으며[15], 서울특별시 전체로는 약 110,261개의 건축물이 있다. 요새 강남3구에서 100억 원 미만의 꼬마빌딩을 찾기 힘든 상황

---

15 출처: 건축행정시스템 세움터 건축물 통계. 2022년 기준 공공시설을 비롯한 민간시설이 아닌 건축물과 종교시설 등을 제외하고 강남구 약 9,667동, 서초구 약 5,213동, 송파구 약 4,125동.

이니 강남3구에 있는 19,005개 건물의 상당수는 100억 원이 넘어갈 것으로 추정되며, 서울의 110,261개 건물들 중에서도 100억 원이 넘어가는 가치의 건물은 꽤 많을 것이다. 이 중 기업이 소유한 건물들을 제외하면, 해당 건물들의 소유자 및 그 가족들은 노동선택권 보유 및 증여 가능 계층으로 볼 수 있지 않을까?

KB 금융지주 경영연구소에서 2022년 12월 발간한 '2022 한국 富者 보고서[16]'에 따르면, 2021년 말 기준으로 보유 금융자산이 10억~100억 원인 '자산가'가 38만 5천 명, 100억~300억 원을 보유한 '고자산가'가 3만 1천 명, 300억 원 이상의 '초고자산가'가 8,600명이나 된다. 그리고 이들 '자산가', '고자산가', '초고자산가'를 모두 포함한 1인당 평균 금융자산은 67.9억 원이나 된다고 한다. 순자산의 개념은 아니긴 하지만, 금융자산 30억 원 미만 부자의 경우 자산 구성에서 부동산의 비율이 60.6%, 금융자산 30억 원이상 부자의 경우 금융자산 비중이 49.8%, 부동산자산 비중이 44.9%라고 하니, 최소 금액인 금융자산 10억 원 보유자도 총자산 기준으로는 30억 원 이상의 자산가일 가능성이 높고, 그런 사람들이 2021년 말 기준으로 42만 4천 명이므로 우리나라 인구의 0.82%에 달한다고 한다.

이 보고서의 보유 금융자산 10억 원 이상이라는 기준으로 노동선택권 보유 및 증여 가능 계층을 추정하기에는 몇 가지 문제점이 있다. 우

16 KB 금융지주 경영연구소, 2022 한국 富者 보고서(황원경,김진성,이신애), 2022년 12월 발간.

선 개개인의 부채 규모를 알 수 없는 상황에서, 총자산이 30억 원 이상 되는 사람들 모두가 노동선택권 보유 및 증여 가능 계층이라고 보기는 어렵다. '자산가' 38만 5천 명의 보유 금융자산 분포 자료가 제공되지 않기는 하였지만, 2021년 보유 금융자산 10억 원 이상 부자 42만 4천 명 중 가장 자산이 적은 사람이 총자산 30억 원으로 추정된다면, 42만 4천 명 중 상당수는 노동선택권 보유 및 증여 가능 계층일 수 있다. 물론 '고자산가'나 '초고자산가'를 합친 4만 명은 금융자산과 부동산 자산 비율을 고려하면 총자산이 최소 200억 원 이상으로 추정되므로, 극히 예외적인 경우를 제외하고는 노동선택권 보유 및 증여 가능 계층이라고 봐도 무방할 듯하다. 또한, 금융자산 10억 원 미만의 자산가들은 포함되지 않았다. 그리고 부동산 비중이 대부분인 부자들은 포함되지 않을 것이며, 절세 등의 목적으로 개인이 아닌 법인 형태로 자산을 보유하는 부자들도 상당수 있을 것이다.

무엇보다도 해당 보고서의 부자 수는 개인이라는 점이다. 한 개인이 금융자산 100억 원이 넘어가는 '고자산가'라면, 총자산은 200억 원이 넘는 것으로 추정할 수 있고, 그 가족 구성원 모두가 노동선택권 보유 및 증여 가능 계층이라고 봐야 할 것이다. 따라서 자녀를 포함한 가족까지 포함한다면 그 숫자는 대략 2.27배[17]는 늘어날 것이다.

그들은 상당한 자산을 보유하고, 노동선택권을 자녀에게 물려줄 수 있는 능력을 가지고 있지만, 겉으로는 잘 드러나지 않는다. 우리나라에서 30억~2,000억 원 정도의 자산을 보유한 사람들은 보통 사회에 드러날 만한 기업이나 직업을 가지고 있지 않은 경우가 대부분이다. 그들은 일반 사람들과 비슷한 차림을 하고 다니며, 심지어는 우리 같은 일반인들보다도 더 추레하게 하고 다닐지도 모른다. 한국 사회에서는 돈을 많이 지닌 사람들을 색안경 끼고 보는 경향이 많아서, 자신의 자산을 좀처럼 드러내려 하지 않는다. 우리 주변에 섞여 있고, 그들을 알아보기 어렵지만, 우리가 알아보지 못한다고 그들이 존재하지 않는 것은 아니다. 그 수는 우리가 짐작하는 것보다 많다.

그렇다면 이들의 자녀들은 어떨까?

우리도 형편에 맞지 않는 꿈을 꾼 적이 있지 않은가? 예를 들면, 올림픽에 출전하는 어떤 종목의 국가 대표 선수가 되고 싶었을 수도 있고, 프로 골퍼나 프로 축구 선수가 되고 싶었을 수도 있다. 연예인이 되고 싶다는 꿈을 꾸는 아이들은 수도 없이 많으며, 음악이든 미술이든 전문적으로 하고 싶을 수도 있다.

우리 어렸을 적하고는 상황이 많이 달라졌다고는 해도, 자녀들의 꿈을 충분히 후원해 줄 수 있는 능력이 없을 수도 있다. 무엇보다 불안한 건 일반적이지 않은 진로를 선택했다가 큰 성과를 보지 못하는 경우인데, 이럴 때를 대비해 자녀들에게 꿈을 뒷전에 둔 채 우선 학교 공부에 충실해야 한다고 가르쳐야 할지도, 아니 강요해야 할지도 모른다.

---

17 통계청 조사에 의하면 2023년 1사분기 전국 평균 가구원 수는 2.27(명)이다. 소득 5분위별로 가구원 수를 살펴보면 소득이 높아질수록 가족원수가 증가하는 경향이 있기에 노동선택권 보유 및 증여 가능 계층은 평균보다 높은, 3.0(명) 이상의 가구원 수가 예상된다. (2023년 1사분기 소득10분위별 가구당 가계 수지에 따르면, 소득 1분위 평균 가구원 수는 1.35명이었던 반면, 10분위의 평균 가구원 수는 3.30명이었다.) [통계청, 가계동향조사]

하지만 자녀들의 꿈을 후원해줄 경제적 여유가 있고, 그 시도가 실패하더라도 어느 정도 수준의 생활을 보장해줄 수 있다면, 우리의 자녀들은 몇 번의 실패를 감수하고서라도 흥미와 관심에 따라 자신의 적성을 찾는 것이 가능하다. 이런 말이 있다.

> '아는 사람이 좋아하는 사람만 못하다. 좋아하는 사람이 즐기는 사람만 못하다.[18]'

노동선택권 보유 및 증여 가능 계층의 자녀들은 이미 증여받게 될 것으로 예상되는 노동선택권으로 인해 자신이 즐길 수 있는 일을 선택하며 더 행복한 삶을 살 수 있다. 그리고 자신이 원하고 즐길 수 있는 일을 할 수 있다면, 심지어 노동생산성의 증가로 남들보다 더 성공하는 사람이 될 수도 있다. 적어도 경제적 여건에 쫓겨서 취업에 유리한 대학과 학과를 가기 위해 초·중·고 12년을 대학 입시에 치이고, 대학 입학 이후에는 스펙 쌓기 등의 취업 준비에 여념이 없다가 공무원, 공기업, 대기업 등 안정적인 직장으로만 들어가려고 하던, 아니 그래야만 부모들이 안심하던 우리보다는 훨씬 행복한 삶을 살 수 있을 것이다.

---

18 知之者不如好之者, 好之者不如樂之者 (지지자불여호지자, 호지자불여락지자), 『논어』, 옹야편(雍也篇)

3

진짜 부자가 될 수 있는지 판단하라

기초 회계 지식

노동선택권 보유 여부를 판단하기에 앞서, 약간의 회계 기초를 이해하면 도움이 될 듯하다. 경영이나 회계 전공자, 혹은 이미 회계 지식이 있는 경우에는 **노동선택권을 기준으로 한 재무상태표**로 건너뛰어도 무방할 듯하지만, 회계에 대한 기초가 부족하거나 탄탄하지 않다면 복습 삼아 재무제표, 그중에서도 재무상태표와 손익계산서 정도는 잠시 짚고 넘어가자.

재무제표(財務諸表)Financial Statements란 기업의 특정 시점에서의 재무상태 및 일정 기간 동안의 기업 활동에 대한 정보를 제공하는 일련의 회계 보고서들을 의미한다. 일반 목적의 재무제표에는 기말 재무상태표, 기간 포괄손익계산서, 기간 자본변동표, 기간 현금흐름표, 주석 등이 있다. 이 중에서 재무상태표에 대한 어느 정도의 이해와 손익계산서의 일부 개념 정도면 충분하다.

미국에서 MBA 석사 과정 중 알게 된 한 지인은 대기업 재무 및 회계 담당으로 잔뼈가 굵은 형님이셨는데, 전공도, 자신의 업무도 회계 관련이라서 그러시겠지만, 지금도 일 년에 한 번은 스스로 자기 가계의 재무상태표와 손익계산서를 작성하신다고 하셨다. 아직도 같은 회사에서 월급을 받고 있는 형님이니 수입은 큰 변동 없이 고정에 가깝겠지만, 매년 자신의 재산 상황과 소비지출 현황을 파악하면서 미래를 위한 준비를 하신다고 한다. 또한 지난 1년간의 지출을 들여다보면서 보다 합리적이고 현명한 지출 계획 등을 수립할 수 있어서 의미가 있고, 앞으로의 계획을 정리하는데도 큰 도움이 되신다고 한다.

지금 생각해보면 사실 그 형님은 이 책에서 말하고자 하는 노동선택권에 대해 이미 이해하고 계신 분이었으며, 그 방법을 찾기 위해, 그 방법을 수행하기 위해, 그리고 계획대로 진행되고 있는지 확인하기 위해 자신의 재무상태를 매년 점검하고 있었던 것이다.

개인 가계의 재무제표는 기업의 그것보다 복잡하지 않기에, 간단한 수준의 재무제표는 크게 어렵지 않게 만들 수 있다. 노동선택권 때문이 아니더라도 개념을 알아둔다면, 투자하려는 기업의 간략한 재무상황이나 실적을 이해하거나 개인 사업을 꾸려나가는데 도움이 된다.

재무상태표

재무상태표(貸借對照表)Balance Sheet는 특정 시점의 기업의 재무상태를 보여주는 재무보고서이다. 재무상태표의 왼편은 차변(借邊)Debit이라 부르고, 오른편은 대변(貸邊)Credit이라 부르는데, 왼편에는 기업의 자산을 표기하고 오른편에는 부채와 자본(순자산)을 표기한다. 자산 및 부채 모두 자산을 현금으로 전환할 수 있는 정도, 즉 유동성(流動性)Liquidity이 높은 자산 및 부채부터 유동성이 낮은 순서로 표기한다.

기업의 재무상태표는 매우 복잡한 항목들로 표시되어 있으며, 투자를 판단하거나 기업의 개괄을 파악하기 위해서는 요약재무상태표도 많이 이용된다. 재무상태표는 특정 시점의 상태를 보여주기에 시점이 명시되어 있어야 하며, 보통 기업의 회계연도에 맞춰서 보고된다. 분기별로 보고되는 경우도 많다. 보고되는 형식은 차변과 대변을 왼편과 오른편으로 나누지 않고 위아래로 나열해서 차변이 먼저, 그리고 대변이 그 이후로 표시된다.

재무상태표에서 가장 중요한 부분은 차변의 합과 대변의 합이다. 즉, 자산의 총액은 부채의 총액과 자본(순자산)의 총액의 합과 일치한다는 부분이다.

차변 = 대변

자산 = 부채 + 자본(순자산)

이를 회계 공부를 시작할 때 흔히 사용하는 T계정[19]을 사용하여 표시하면 다음과 같다.

<table>
<tr><th colspan="2">재무상태표Balance Sheet, B/S</th></tr>
<tr><td rowspan="2">자산Asset</td><td>부채Liability</td></tr>
<tr><td>자본(순자산)Equity</td></tr>
</table>

재무상태표

회계 기초가 없는 사람들에게는 어려운 개념일 수도 있다. 좀더 이해하기 편하게 단순화된 예를 들어보자.

19 회계학 교과서와 수업 시간에는 일반적으로 계정의 약식 형태인 T계정을 이용한다. 이 계정은 그 형태가 T자와 비슷하기 때문에 통상적으로 T계정이라 한다. T계정의 좌측(왼편)은 차변을, 우측(오른편)은 대변을 나타낸다. 출처: T 계정(회계·세무 용어사전, 2006. 8. 25., 고성삼), 〈네이버 지식백과〉

직장인 C씨는 오랜 기간 근무하며 모은 돈으로 현재 가치 5억 원의 아파트 한 채와 1천만 원의 현금을 보유하고 있고, 아파트에 대한 담보 대출로 2억 원의 부채가 있다고 가정하자. 현재 직장인 C씨의 재무상태표는 아래와 같다.

C씨의 재무상태표Balance Sheet, B/S			
현금	10,000,000원	대출	200,000,000원
주택	500,000,000원	자본	310,000,000원

C씨의 재무상태표

5억 원짜리 주택과 1천만 원의 현금은 C씨의 자산에 해당하고, 재무상태표의 왼편인 차변에 기입하게 되며, 이 두 자산을 유동성의 순서로 나열하면 현금과 주택 순으로 표시할 수 있다. 반면 오른편인 대변에는 C씨의 부채인 대출금액 2억 원을 표시하였다. 여기서 C씨의 순자산은 자산에서 부채를 차감한 금액으로,

자산 = 부채 + 자본(순자산)

이를 달리 표시하면,

자산 - 부채 = 자본(순자산)

510,000,000원(자산) - 200,000,000원(부채) = 310,000,000원(순자산)

으로 계산되었다.

거듭 언급하였지만, 이 재무상태표는 특정 시점인 바로 그 순간의 정적(靜的)인 재무상태를 표시한다. 직장인 C씨의 재산은 자산총액이 아닌 자산총액에서 부채총액을 차감한 자본, 혹은 순자산일 것이므로, 현재 시점의 순자산 금액을 과거 특정 시점 당시 산출하였던 순자산 금액과 비교하여 재산의 증가 여부 및 증가 정도를 확인할 수 있다. 또한, 향후 가까운 미래에 대한 목표 순자산 증가도 계획할 수 있을 것이다. 소득으로 인한 현금이나 예금의 증가로도 순자산이 증가할 수 있고, 계획하긴 어렵더라도 보유자산가치의 상승, A씨의 경우 보유 주택가격의 상승도 순자산을 증가시킬 수 있다.

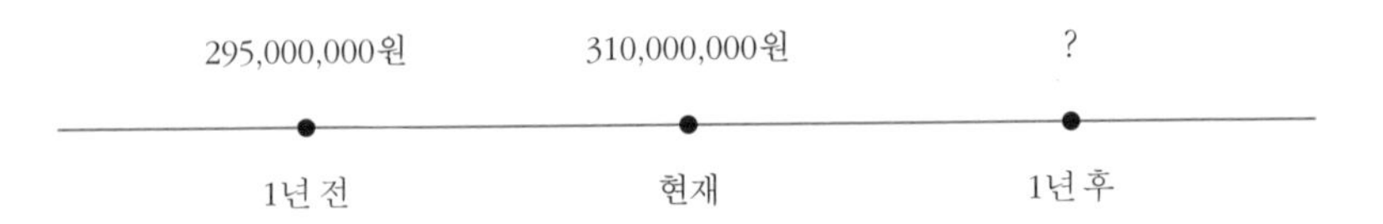

직장인 C씨의 사례는 매우 간략한 재무상태를 가정하였으므로, 재무상태표를 작성하기에 용이하였다. 실제 기업의 재무상태표는 수없이 많은 항목들로 구분될 것이기에 전문 지식과 경험 없이는 일일이 분

류하며 작성 및 분석하는 것이 불가능할 테지만, 대부분의 개인, 혹은 가계의 재무상태표는 생각보다 많은 항목으로 구성되지 않는다. 이마저도 중요성의 원칙[20]을 적용한다면 꽤 간략하게 표시가 가능하다. 참고로 가계의 소비지출을 분류 대상으로 가계의 소비지출 통계의 집계, 국제 비교 등에 이용되는 통계청의 가계 수지 항목 분류에서 가계의 자산은 비금융자산 5항목과 금융자산 7항목, 총 12항목으로 분류된다. 아마도 대부분의 가정이 이 12항목 각각에 해당하는 모든 자산을 보유하고 있지는 않을 것이다. 노동선택권 확보 여부를 판단하기 위해 자산을 구분·분류·표시하는 것에 관해서는 「노동선택권을 기준으로 한 재무상태표」에서 자세히 살펴보자.

20 중요성의 원칙(Principle of Materiality), 기업 회계의 일반적인 원칙 중 하나로 회계 처리에 있어서 상대적으로 중요성이 떨어지는 항목들에 대해서는 통합하여 표시하는 것이 가능하다.

손익계산서

재무상태표와 함께 가장 기초가 되면서도 중요한 재무제표의 하나인 손익계산서(損益計算書)Income Statement 또는 Profit and Loss Statement는 일정 기간 동안 수익에서 비용을 차감하여 해당 기간 동안 기업의 영업실적을 표시한다. 기업의 경우는 회계기간 동안의 수익과 비용을 대응시킨다. 일정 시점의 정적(靜的)인 재무상태를 표시하는 재무상태표와 달리, 일정 기간 동안의 영업 성과를 표시하기 때문에 동적(動的)인 개념의 재무보고서이다.

손익계산서의 주요 항목에는 수익·비용·이익·손실이 있다. 손익계산서의 형태는 기업의 당기순이익을 산출해 나가는 일종의 계산과정과도 같은데, 우선 기업의 순매출액에서 영업수익을 올리는데 필요한 비용인 매출원가를 차감한 매출총손익을 산출한다. 이후, 매출총손익에서 판매비와 관리비를 차감한 영업손익을 산출하고, 또 영업손익에서 기업의 주된 영업 활동이 아닌 부문에서 발생한 영업외수익을 더하고, 영업외비용을 차감한 법인세비용차감전계속사업손익이 산출된다. 여기서 계속사업손익의 법인세비용을 차감하면 계속사업손익이 산출되고, 계속사업손익에 중단사업손익에 대한 법인세를 차감한 중단사업손익을 더하면 기업의 당기순이익이 계산된다.

순이익 = (수익 + 이익) - (비용 + 손실)

마찬가지로, 기업의 손익계산서의 경우에는 항목도 많고 복잡한 형태를 띄고 있어서 쉽게 이해하기 힘들 수 있지만, 개인이나 가계의 손익계산서는 훨씬 단순하다. 사실 손익계산서라기보다는 가계부 수준으로도 일정 기간 동안의 손익을 측정 및 분석하기에 충분하며, 중요성 원칙에 따라 꽤 많은 항목들을 생략하거나 묶어서 판단할 수 있다.

예를 들어, 앞서 언급한 직장인 C씨의 가상 손익을 가정해보자.

직장인 C씨는 별도의 수익자산을 가지고 있지 않기 때문에 소득은 근로소득이 유일하다. 주사용 계좌는 월급을 지급받는 계좌와 동일하며 별도의 금융자산을 보유하고 있지 않다. 긴급한 상황이나 예상치 못한 지출에 대비하기 위해 최소 500만 원 이상의 현금을 계좌에 보유하고 있으며, 1년 전에는 계좌에 500만 원이 있었다. 지난 1년간 월급 통장에 찍힌 직장인 C씨의 세후소득은 6,000만 원이며, 1년이 지난 지금 계좌에는 1,000만 원이 예치되어 있다. 유일한 고정자산인 아파트는 지난 1년간 4억 9천 5백만 원에서 5백만 원 상승하여 현재 5억 원에 가격이 형성되어 있으며, 지난 1년간 대출원금 2억 5백만 원 중 500만 원을 상환하였다.

지난 1년간 직장인 C씨는 1천 5백만 원의 순이익을 달성하였다.

순이익 = (수익 + 이익) - (비용 + 손실)

= (세후 근로소득 60,000,000원 + 주택가치상승 5,000,000원)

- (비용 50,000,000원 + 손실 0원)

계좌 거래 내역을 살펴보면, 일반적으로는 일부 현금지출이 있었겠지만 대부분이 카드지출이었을 것이고, 식대, 소모품 구입비, 각종 아파트 관리비, 핸드폰 요금을 비롯한 통신 요금, 대출이자 등의 지출일 것이다. 주택 가격의 상승은 실제 현금흐름을 수반하지 않으므로 계좌 거래 내역이 존재하지는 않는다. 또한, 대출이자와는 다르게 대출원금의 상환은 계좌에서 현금이 인출되었을 테지만, 부채의 감소와 순자산의 증가를 의미하기에 손익에 영향을 미치지 않는다.

직장인 C씨가 달성한 1천 5백만 원의 순이익에서 5백만 원은 현금 혹은 은행 예금의 증가로, 500만 원은 보유한 주택 가치의 증가로, 그리고 5백만 원은 부채의 감소로 이루어졌다. C씨의 순자산이 1년 전 2억 9천 5백만 원에서 현재 3억 1천만 원으로 1천 5백만 원 증가하게 되었으며, 이는 현재 시점의 재무상태표에 반영되게 된다. 마찬가지로 현재로부터 1년 후의 순자산 금액에 대한 목표가 있다면, C씨는 향후 1년 동안의 손익 목표를 설정할 수 있다. 만약 직장에서의 세후근로소득을 노력해서 증가시킬 수 없다면, 혹은 실적이 좋다 하더라도 그에 합당한 성과급이 지급될지 불확실하다면, 유일한 자산인 주택가격의 상승은 C씨의 의지로 이루어낼 수 없으니 결국 지출을 줄이는 것이 그나마 C씨의 의지와 노력으로 가능한 부분일 것이다.

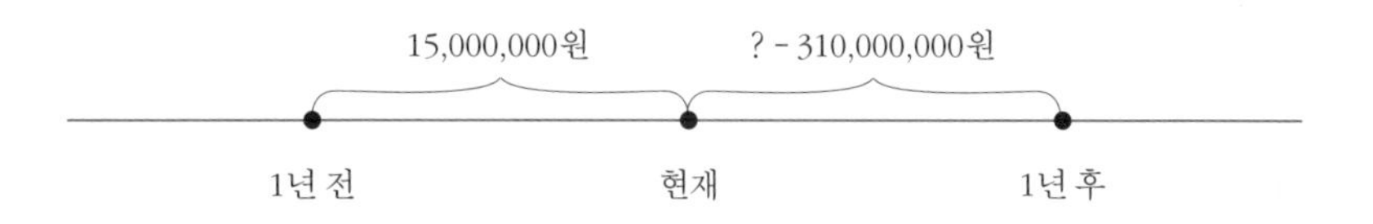

물론 구체적인 손익분석을 위해서는 카드내역서와 현금지출내역을 일일이 분석하고, 세부적인 분석을 해야만 지출을 조절하고 계획할 수 있다. 이 부분은 「노동선택권을 기준으로 한 재무상태표」에서 항목별로 검토할 것이다.

노동선택권을 기준으로 한 재무상태표

노동선택권 보유 여부를 확인하는 방법을 개략적, 그리고 개념적으로 설명하기 위해 필요한 항목들과 그 항목의 정의를 내려보면 아래와 같다.

예상수입금액	앞으로 생기는 돈, 노동의 투입 없이 생기게 될 금액들의 합계
예상지출금액	앞으로 쓰게 될 돈, 현재로부터 향후 지출하게 될 금액들의 합계
예상수입지출차액	예상수입금액 - 예상지출금액

근로 지속 여부를 판단하기 위한 노동선택권 보유 여부를 확인하는 과정이니, 근로를 지속하지 않는다는 가정하에 예상수입금액에서는 예상근로소득은 포함시키지 않는다. 또한 여기서는 개념적으로만 각 항목을 파악하고, 구체적인 부분은 이어지는 각론에서 세부적으로 살

펴보자.

예상수입금액은 예상근로소득을 제외하고 향후 발생하게 될 모든 금액이다. 노동이 포함되지 않은 수입이기에 앞으로 생기는 돈이라고도 표현하였다. 보유자산의 매각으로 인해 발생하게 될 금액, 증여·상속으로 인한 수입금액, 주식투자로 인한 배당금, 예금이나 채권에 투자하여 발생하게 되는 이자소득, 부동산 투자 등을 통한 임대수입 및 자본소득, 혹은 각종 연금 및 연금보험 등으로부터의 수입금액, 저작권 수입이나 각종 사업소득 등이 포함될 것이다. 앞으로의 모든 수입금액을 완전하게 예상하기는 힘들겠지만, 지출이 아닌 수입은 완전하게 예상하지 못하는 것이 오히려 보수적인 접근 방식일 수 있다.

예상지출금액은 앞으로 지출될 금액이다. 앞으로 쓰게 될 돈이라고 표현하였는데, 사실 개념적으로 구분하면 앞으로 지출해야 하는 금액과 구분된다. 즉, 의식주를 비롯하여 반드시 지출해야 하는 금액에 더해서 삶의 질과 여가, 개인적인 만족 등을 위해 지출하게 되는 금액을 포함한다. 예를 들면, 매달 나가는 관리비, 통신 요금, 자녀 교육비, 식비, 각종 보험료, 의류 구매 비용, 어느 정도의 문화생활비와 유흥비 등이 포함될 것이며, 추후 주택을 구입하거나 신차를 사게 되거나, 새로운 사업을 시작하는 등의 반복적이지 않은 지출도 포함한다. 예상지출금액은 최대한 넉넉하게 계산하는 것이 보수적일 수 있으니, 가급적 주택 구입 등의 미래 계획을 모두 반영하는 게 좋을 것이며, 예상되는 금액도 어느 정도 여유있게 예상하는 것이 바람직하다.

예상수입지출차액은 예상수입금액과 예상지출금액의 차액이다.

예상수입지출차액 = 예상수입금액 - 예상지출금액

이를 위에서 간략하게 설명하였던 재무상태표의 형태로 도식화하면, 미래 획득 가능한 경제적인 효익[21]인 예상수입금액을 자산으로, 앞으로 예정된 예상지출금액을 부채로, 그리고 그 차액을 자본으로 표시할 수 있다. 자산을 왼편(차변)에, 부채와 자본을 오른편(대변)에 표시하면 다음과 같이 그릴 수 있다.

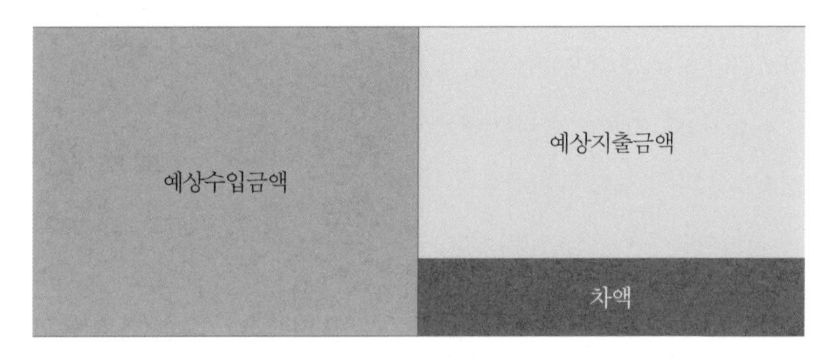

노동선택권 보유 계층의 재무상태표

21 자산이란 자원 또는 경제적 자원이라고도 하는 것으로 특정 기업 또는 경제적 실체가 과거의 거래, 사상 등의 결과로 획득하거나, 통제하고 있는 미래의 획득 가능한 경제적인 효익이라고 정의될 수 있다. 쉽게 말하면 기업에 도움이 되는 재화나 채권 등을 말한다. [네이버 지식백과] 자산 [assets, 資産, しさん] (회계·세무 용어사전, 2006. 8. 25., 고성삼)

앞의 **노동선택권 보유 계층의 재무상태표**에서 진한 주황색의 차액 부분은 결국 예상수입지출차액이 양(+)을 띄고 있는 상태다. 이는 일을 하지 않아도 향후의 수입금액이 지출금액보다 큰 사람, 즉 노동선택권 보유 계층의 재무상태표를 보여주고 있다.

노동선택권을 보유하지 않은 사람들은 예상수입금액이 예상지출금액보다 적을 것이며, 예상수입지출차액이 음(-)의 상태로 보일 것이다. 회계적인 재무상태표에서는 자본이 음(-)인 상태로 앞의 그림에서 차액이 음(-)으로 기록이 되겠지만, 가시성을 고려해서 다음과 같이 표현하겠다.

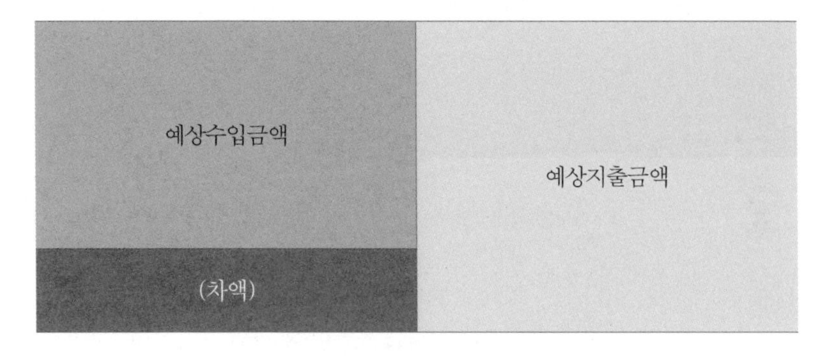

노동선택권 미보유 계층의 재무상태표 1

노동선택권 미보유 계층의 재무상태표 1은 예상지출금액이 예상수입금액보다 크고, 그 때문에 예상수입지출차액이 음(-)인 상태로, 노동선택권을 보유하지 못한 사람의 재무상태표를 보여주고 있다. 하지만 그나마 상당한 예상수입금액을 만들어 놓은 사람이기에, 조금 더 노력하면 노동선택권을 충분히 보유할 가능성이 있다.

노후에 대한 준비가 많이 부족하거나, 아직 노동선택권과는 거리가 먼 사람, 혹은 노동선택권을 증여 받지 못하는 사람들 중 사회생활 경험이 얼마 안 되어서 소득이 쌓이지 못한 사람들의 재무상태표는 **노동선택권 미보유 계층의 재무상태표 2**와 같은 모습을 띨 것이다.

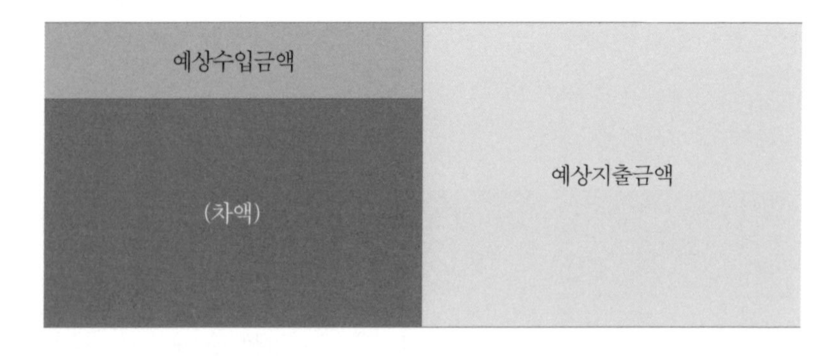

노동선택권 미보유 계층의 재무상태표 2

노동선택권 미보유 계층의 재무상태표 2는 아직 자산이 충분히 형성되지 않아서 예상수입금액이 미미하거나 0에 가까운 사람, 노동선택권을 증여받지 못한 대부분의 젊은 직장인들이나 중장년이라 할지라도 미래에 대한 준비가 미흡하거나 여러 번의 투자 실패로 자산 형성에 실패한 사람들의 재무상태표를 보여준다. 예상 수명까지 지출할 금액들의 합에 비해서 현재 보유한 자산으로부터의 수입은 턱없이 부족한 상태이고, 예상수입지출차액이 크게 음(-)의 상태인, 기업으로 따지면 완전자본잠식[22] 상태의 재무상태표를 보여주고 있다.

결국 예상수입지출차액이 양(+)의 상태인 사람들은, 근로를 통해서 추가적인 수입을 발생시키지 않더라도 스스로의 지출을 메울 수 있는 사람이며, 노동선택권을 보유한 사람들이다. 반면에 **노동선택권 미보유 계층의 재무상태표 1·2**에 보이는 사람들은, 예상수입지출차액이 음(-)인 상태로 음의 상태인 차액을 결국 근로소득으로 메워야 하는 상황이며, 따라서 노동선택권을 보유하지 못한 사람들이다. 그 둘을 다시 비교해 본다면, **노동선택권 미보유 계층의 재무상태표 2**의 상황은 결국 근로소득으로 메울 수밖에 없는 상황이지만, **노동선택권 미보유 계층의 재무상태표 1**의 상황은 노동을 지속하며 근로소득으로 메울 수도 있지만, 예상지출금액을 줄임으로써 양(+)의 예상수입지출차액을 달성시킬 수도 있다. 또한, 좀 낮은 근로소득으로도 그 차액을 메울 수 있을 것이기에, 한정적인 노동선택권을 보유할 수도 있으며, **노동선택권 미보유 계층의 재무상태표 2**의 상황보다는 분명 더 나은 상황이라고 볼 수 있다.

---

22 회사의 적자폭이 커져 잉여금이 바닥나고 납입자본금이 마이너스가 되는 상태를 말한다. 기업의 자본은 납입자본금과 내부에 보유된 잉여금으로 구성된다. 만일 회사의 적자폭이 커져 잉여금이 바닥나고 납입자본금까지 까먹기 시작하면 이러한 상태를 자본잠식 혹은 부분잠식이라고 한다. [네이버 지식백과] 자본 잠식 [impaired capital] (한경 경제용어사전)

노동선택권 보유 및 증여 가능 계층의 재무상태표

위의 **노동선택권 보유 및 증여 가능 계층의 재무상태표**는 예상수입지출차액이 양(+)인 부분은 노동선택권 보유 계층의 재무상태표와 비슷하지만, 예상수입금액이 예상지출금액보다 현저히 크기에 그 차액의 규모가 다른 상태이다.

이와 같은 상황은 예상지출금액이 마냥 작은 것이 아니라, 예상수입금액 자체가 거대하여 생기는 경우가 더 많을 것이다. 일반적으로 노동선택권을 보유하지 못한 사람이나 증여하지 못하는 사람들보다는 예상지출금액이 클 것임에도 불구하고, 차액의 규모가 예상지출금액보다 월등히 크다. 해당 차액의 일부로 증여·상속세를 고려하더라도 다음 세대의 예상지출금액을 충분히 웃돈다면, 노동선택권의 증여가 가능하다.

예상수입금액

그 누구도 우리의 미래를 정확하게 예상할 수 없기에 완전한 분석은 불가능하다. 하지만 최대한 많은 부분을 검토하고 살펴본다면, 꽤 근접한 분석 결과를 도출해 낼 수 있을 것이다. 완전하지 못한 분석이라면 보수적인 관점에서 접근하는 게 추후 계산 착오로 인한 불상사를 막을 수 있기에, 예상수입금액은 보다 낮게, 예상지출금액은 어느 정도 넉넉하게 예상하는 것이 바람직하다.

여러 항목들을 놓치지 않고 가능한 많은 부분을 고려하기 위해서, 예상수입금액 및 예상지출금액 항목 분석은 통계청 기준의 가계수지 항목분류[23]를 기준으로 할 것이다. 항목별로 살펴보며 체크리스트로

23 가계수지항목분류는 1997년에 시행되었으며 통계청에서 작성하며, 가계의 소비지출을 분류 대상으로 가계의 소비지출통계의 집계, 국제비교 등에 이용된다. [행정안전부 국가기록원 주제설명]

활용하면 미처 간과할 수 있는 항목들을 꼼꼼하게 찾아낼 수 있을 것이다.

가계수지항목분류상 예상수입금액에 해당하거나 어느 정도 관련 있는 항목들을 대분류에서 중분류, 그리고 소분류의 방식으로 나열하려 한다. 발생 가능한 수입이 있을만한 항목들을 구분해 놓는다면, 보다 구체적이고 세부적으로 예상이 가능할 것이다. 각 항목의 정의 및 구분 방식은 통계청의 기준에 따른다.

경상소득

비교적 정기적이고 재현 가능성이 높은 소득을 의미하며, 중분류로 근로소득, 사업소득, 재산소득, 이전소득 등이 포함된다. 노동선택권을 분석하기 위한 목적이므로 근로소득은 제외한다.

1. 사업소득

사업 운영에서 발생한 수입에서 비용을 제외한 금액과 여타 주업이 아닌 활동에서 벌어들인 수입 등도 포함된다. 현재 별도의 사업소득이 없는 상태라면, 노동선택권을 보유하기 위해서 재산소득과 함께 꼭 고려되어야 하는 항목이다. 동업은 문제가 생기는 경우가 많아서 그다지 추천할 만하지는 않지만, 부업을 통한 추가 수입 창출은 미래의 수입을 확보할 수 있으므로 예상수입지출차액에 큰 영향을 미칠 수 있다. 물론 사업소득을 확보하기 위한 투자가 실패하여 오히려 지출만 증가하게 되는 경우가 있으니 준비 단계에서 철저하게 사업을 검토해야겠지만, 충분한 검토를 통해 안정적인 수익을 얻을 수 있는 사업이라 판단했다면 적극적으로 고려할 만하다.

2. 재산소득

이자 및 배당소득, 개인 연금소득 및 퇴직 연금소득, 기타 금융자산 투자소득, 임대소득 등이 포함된다. 재산소득은 직장인들이 늘 고민하는 부분이다. 같은 예금이라면 조금이라도 더 높은 이자를 받으려 할 것이고, 조그마한 상가나 오피스텔 투자를 통해 약간의 임대소득을 확보하려는 사람들도 많을 것이다. 주식을 비롯한 금융자산이나 부동산 매각으로 인한 수입금액은 기타 수입에 포함될 테지만, 보유한 자산으로부터의 일정한 수입 창출은 사업소득과 함께 반드시 고려되어야 하는 항목이다.

3. 이전소득

공적 연금소득, 기초 연금소득, 기타 사회 수혜금, 사회적 현물이전 등 소분류상 여러 항목들이 있지만, 그중에서는 공적 연금소득과 기초 연금소득이 중요하다. 공적 연금소득은 4대 연금으로부터의 수입이며, 국민연금 가입자에게도 물론 중요한 수입원이겠지만, 특히 공무원연금, 군인연금, 사학연금 수급자들에게는 상당한 수입금액이 될 것이다. 기초 연금 소득은 기초 노령연금과 같은 수입을 의미하는데, 수령 시점이나 금액이 어느 정도 예상 가능하겠지만 다른 수입에 비해서는 적은 규모일 것이다.

비경상소득

비정기적으로 발생하는 소득을 의미하며, 중분류로는 경조소득, 퇴직수당, 기타 비경상소득 등이 포함된다. 기타 비경상소득은 복권, 경품권, 사고로 받은 보험금, 도박으로 딴 돈, 주운 돈 등을 의미하므로, 현재 확정된 수입이 아닌 이상 고려할 만하지 않다.

기타 수입

기타 수입은 중분류로 자산변동 수입, 자산이전 수입 등이 포함된다.

1. 자산변동 수입

저축 인출, 보험금 수령, 유가증권 매각, 보증금 회수, 부동산 매각, 그리고 기타 자산 변동 수입으로 분류된다. 정기 예금이나 적금의 만기로 인한 수입, 보유한 주식이나 채권, 펀드 등의 매각으로 인한 수입, 거주중이거나 거주중은 아니지만 보유하고 있는 부동산 자산의 매각 등 여러 항목들이 일반적인 직장인들의 예상수입에 포함될 수 있을 것이다. 보유한 여러 자산의 보유 기간과 목표 수익 등을 계획하여 예상수입금액에 반영되어야 한다.

2. 자산이전 수입

자산을 다른 가구로부터 증여받는 경우이다. 예단금이나 지참금, 합의금이나 위약금 등은 예상하기 힘든 금액일 것이겠지만, 재산상속 및 증여의 경우 시점을 특정하기는 어렵더라도 일부에게는 상당한 규모의 예상수입금액이 될 수 있다.

자산

자산은 중분류상으로 비금융자산과 금융자산으로 분류된다. 비금융자산은 자가 거주 주택을 비롯한 기타 부동산, 자동차, 귀중품, 지식 재산권 및 기타 비금융자산을 포함하는 개념이다. 금융자산으로는 현금, 주식 · 채권, 펀드, 보험, 연금 수령권, 임차보증금 및 기타 금융자산이 포함된다.

노동선택권의 분석은 예상수입 및 예상지출을 파악하고, 그 차액으로 노동선택권 보유 여부를 판단하는 과정이므로, 사실 가계수지항목 분류상의 자산 그 자체는 큰 의미가 없다. 향후 매각하여 수입금액으로 전환될 자산이 아니라면, 분석에 포함될 필요가 없다. 「재산」에서 언급한 A씨의 경우에서처럼, 전혀 매각할 의향이 없는 자산은 아무리 시세 차익이 발생하였다고 하더라도 예상수입에 영향을 미치지 않는다. 오히려 재산세 등을 통해 예상지출을 증가시키게 된다. 또한 분류 기준에서 이미 보였겠지만, 매각하여 수입금액으로 전환될 자산이라면, 경상소득의 재산소득이나 이전소득 및 기타 수입의 자산 변동 수입에 반영될 것이다. 자가 거주 주택 같은 경우에는 자녀들이 장성한 이후 좀 더 작은 주택으로 자산을 교체할 계획이 있다면, 그 차액만큼이 미래 시점의 수입으로 예상될 수 있다. 이는 예상수입 및 예상지출에 모두 영향을 미치겠지만 단순히 차액으로만 고려해도 될 것이다. 자동차 같은 경우는 차량을 수집하여 희소성의 가치로 나중에 수익을 얻으려는 목적의 차량들이 아니라면, 아무리 비싼 자동차라도 굳이 예상에 포함시키지 않아도 될 것이다. 해당 차량을 매각하는 시점은 대부분 새로운 차량을 구입하는 시기와 근접할 것이며, 이는 현재 차량의 잔존가치를 제외한 신차 구입액이 예상지출에 포함되어야 할 것이다. 고가의 도자기나 예물, 각종 명품 등의 자산도 마찬가지이다. 매각을 전제로 구매한 자산이 아니라면, 굳이 고려할 필요는 없다.

예상지출금액

노동선택권을 기준으로 한 재무상태표에서 볼 수 있듯이, 예상지출금액은 예상수입금액과 함께 노동선택권 보유 여부 판단의 주요 기준이 된다. 예상지출금액을 감소시킬 수 있다면, 보다 적은 예상수입으로도 즐길 수 있는 삶을 살아갈 수 있고, 보다 빠른 은퇴가 가능할 것이다. 또한, 예상지출금액의 감소는 예상수입금액과 다르게 지금 당장이라도 실천할 수 있기에 철저한 계획과 관리가 필요하다. 벼락부자가 될 예정이 아닌 이상, 합리적인 소비와 현명한 지출 계획은 노동선택권 확보를 위해 반드시 필요하다.

예상지출금액의 분석을 위해서는 현재와 과거의 지출금액을 분석하고, 미래의 지출을 예측해야 한다. 물론 미래 지출에 대한 예측은 자신의 수명을 어느 정도 예상하고, 은퇴 이후에 어떤 삶을 살지에 대한 계획이 짜여 있어야 가능하다. 수명을 예상하는 게 곤란할 수도 있겠지만, 성별에 따른 대한민국 평균 예상 수명에 자신의 현재 건강 상태를 고려하면 대략적으로 추측해볼 수 있을 것이다. 안타까운 이야기지만, 어차피 예상수명이 5~10년 정도 빗나간다고 해도 노년에 지출하게 될 금액은 크지 않을 것이기에 치명적인 오차로 작용하지 않을 가능성이 높다.

80~90년대에는 일기장처럼 매일매일 지출을 기록하는 가계부를 작성하면서 소비금액을 파악하고 줄이려는 노력을 해야 했고, 가계부를 꾸준히 작성하지 않았다면 과거의 지출내역을 확인하기가 어려웠다. 하지만 대부분의 자잘한 지출이 신용카드나 자동이체로 처리되는 오늘날에는 과거 지출내역 분석이 매우 용이하다.

일단 사용하고 있는 은행계좌의 지급내역을 확인하고 그중 카드회사로 지급된 금액에 대해서는 신용카드 지출내역을 뽑아보면, 지난달에 지출한 금액의 거의 대부분을 꽤 자세한 상세 내역까지 파악할 수 있다. 가끔 상호명과 다른 이름의 카드 지급 업체들이 있을지라도, 지난 한 달 전 정도면 기억해낼 수 있을 것이다. 전월의 지출내역을 파악해 보면 대출원리금으로 얼마를 지급했는지, 월세가 얼마씩 지출되는지, 외식비가 얼마였는지, 통신 요금과 관리비, 문화생활비, 자녀 교육비를 비롯해 백화점에서 지출한 금액들까지 세세하게 파악이 가능할 것이다. 또한 자동차 보험료, 학교 등록금, 자동차세, 재산세 등 월 단위 이상으로 꽤 크게 지출되는 금액들도 있으니 월별로 파악한 이후에는 연 단위로도 파악해야 한다.

이와 같은 방법으로 과거와 현재의 지출내역을 파악한다면, 앞으로의 예측이 상당 부분 가능할 수 있다. 꽤 효율적인 방법이지만 보다 더 구체적이고 상세하게 앞으로의 예상지출을 분석하려면, 예상수입금액에서와 마찬가지로 통계청 기준의 가계수지항목분류를 따라 하나하나 살펴보면서 예상할 수 있는 지출을 파악해 나가야 한다. 보수적인 예측을 위해서는 누락되는 예상지출항목이 최소화되는 것이 바람직하다. 가계수지항목분류 기준으로 발표된 통계자료들을 참고하면 현재 지출되고 있는 금액들을 비슷한 소득 수준의 다른 사람들과 비교할 수도 있고, 현재 지출 중이지 않은 항목들의 향후 예상지출금액도 예측이 가능하다.

가계수지항목분류의 대분류상의 지출 항목은 소비지출, 비소비지출, 기타 지출이 있다.

소비지출

생계 및 생활을 위해 소비하는 내구재, 비내구재, 준내구재의 상품과 서비스의 구입에 대한 대가로 지출하는 비용이라고 정의되어 있다. 말 그대로 소비에 대한 지출이다. 소비지출의 항목 분류는 매우 명확한 중분류 수준으로 구분되어 있으며 해당되는 중분류 항목들은 아래와 같다. 대부분의 항목들에 대해 특별한 이해가 필요 없을 것이기에 부연 설명은 생략하고, 일부 항목에 대해서만 부연하겠다.

1. 식료품 및 비주류 음료

2. 주류 및 담배

3. 의류 및 신발

4. 주택, 수도, 전기, 가스 및 기타 연료

주택의 임차비용, 주택유지 및 수선비용, 수도요금 및 전기요금 등이 포함된다. 다만 주택을 매입하는 경우는 기타 지출의 자산변동 지출, 부동산 구입으로 분류된다.

5. 가구, 가사 비품 및 기타 생활용품

월별로 지출되는 금액이 아닌 항목들이 포함될 수 있다. 가사 비품 및 기타 생활용품의 경우 월 평균비용이 계산될 수 있을 테지만, 가구 구입 같은 경우는 예상 이사 시기 등에 꽤 큰 규모의 지출이 될 수 있다.

6. 보건

상비약을 구매하는 비용들을 포함하여, 외래의료서비스, 치과서비스, 입원서비스 등이 큰 금액을 차지할 것이다. 의료비가 갑자기 증가할 상황을 예측하기는 힘들겠지만, 내과, 치과, 정형외과, 안과 등 일상적으로 사용하는 의료서비스는 연 단위로 사용금액을 확인해 보면 어느 정도 예측 가능할 것이다.

7. 운송

기차, 버스, 택시, 지하철, 항공, 여객선 등의 운송수단 이용에 따른 서비스 비용 등이 운송 항목으로 분류되지만, 자동차를 비롯한 운송기구의 구입 비용, 그 운송기구의 유지 관리 비용도 해당 항목으로 분류된다.

8. 정보통신

전체 지출에 대해 상대적으로 비중이 적고, 월별로 꽤 일정한 금액을 유지하기에 예측하기가 크게 어렵지는 않을 것이다.

9. 오락, 스포츠 및 문화

10. 교육 서비스

교육 서비스 항목의 지출은 예상지출의 큰 비중을 차지할 수 있다. 자녀가 있거나 자녀 계획이 있는 경우에 거주하는 지역과 목표하는 교육 수준 등에 따라 매우 큰 차이를 보일 수 있다. 나아가 자녀가 여럿이거나 목표하는 교육 수준이 높다면 예상지출의 가장 큰 비중을 차지하는 항목이 될 수도 있다. 현재 지출하고 있는 금액을 기준으로 학원비를 비롯한 앞으로의 사교육비, 자녀가 진학하게 되는 학교의 등록금 등을 예상지출금액에 포함시켜야 한다.

11. 음식점 및 숙박 서비스

대부분의 경우 음식점에서 지출하는 비용도 꽤 큰 비중을 차지한다. 또한, 소득이나 순자산이 증가함에 따라 방문하게 되는 음식점의 가격이 높아지는 경향이 있으므로, 이 부분도 고려해야 한다.

12. 보험 및 금융 서비스

13. 개인 미용, 사회보장 및 기타 상품

비소비지출

비소비지출은 소비지출이나 자산을 매입하기 위한 지출이 아닌 지출을 의미한다. 여기에는 각종 세금이나 연금 납입액, 이자비용 등이 포함된다. 항목들을 살펴보면 근로소득자의 경우에는 원천징수되는 항목들도 꽤 있다. 가계 입장에서는 원천징수 이후 소득액을 기준으로 예상수입금액을 예측한다면 일부 상쇄가 가능한 항목들도 있다.

1. 경상조세

근로소득세, 사업소득세, 종합소득세, 경상재산세, 자동차세 및 기타 경상조세를 포함한다. 근로소득세의 경우에는 원천징수되어 차감된 금액을 지급 받으므로, 예상수입금액에서 제하는 것이 편리하지만, 종합소득세, 재산세, 자동차세 등 납부 대상인 경우에는 예상지출금액에 포함하여야 할 것이다. 기타 경상조세에는 주민세, 이자소득세, 배당소득세 등이 포함된다.

2. 비경상조세

비경상조세에는 양도소득세, 퇴직소득세, 상속세, 증여세, 각종 과징금, 부동산 취득 관련 세금이 포함된다. 비경상조세의 경우에는 하나의 항목으로 예측하기보다는 자산의 예상 매매 시점이나 예상 상속 및 증여 시점, 그리고 그 금액을 예상하여 자산 취득 및 처분 시점에 맞춰 예상 금액을 반영해 놓는 것이 합리적이다.

3. 연금 기여금

국민연금을 비롯한 공적연금 기여금이 포함된다. 근로소득자의 경우 근로소득세의 경우와 마찬가지로 월급을 받기 전에 이미 차감되어 지급 받을 것이므로 예상수입금액에서 제외하면 두 번 반영할 필요가 없다.

4. 사회보험

건강보험료와 고용보험료를 포함한다. 마찬가지로 근로소득자의 경우에는 예상수입에서 차감시키고, 근로소득자가 아닌 경우에만 해당 금액을 예상하여 반영한다.

5. 이자비용

6. 가구 간 이전지출

경조사비가 포함되고, 국내 학생가구 및 국외 학생 및 환자 송금이 포함된다. 학생이 지출하는 비용을 송금하는 경우에 해당하며, 자녀들을 국내 다른 지역, 혹은 해외에 유학을 보내는 경우 송금하게 되는 금액이 포함된다.

7. 비영리 단체 이전지출

종교 및 사회단체 등에 대한 기부금, 친목회비, 동창회비 등이 해당 항목으로 분류된다.

기타 지출

소비지출과 비소비지출에 포함되지 않는 항목들을 기타 지출로 분류하며, 크게 자산변동 지출, 부채감소 지출 및 자산이전 지출로 구분된다. 항목 하나하나를 보면 알겠지만, 기타 지출 대부분의 항목은 통계청 기준으로는 지출로 분류되지만, 지출이라기보다 투자에 해당한다.

1. 자산변동 지출

저축 및 적금, 저축성 보험료, 펀드 불입금, 유가증권, 부동산 구입 등이 포함되는데 대부분 투자에 해당된다. 귀금속 구입이나 도자기를 비롯한 미술품 구입 등은 투자보다는 지출에 해당하겠지만, 경우에 따라서는 투자 대상일 수도 있다.

2. 부채감소 지출

부동산 담보대출, 기타 대출 및 보증금 상환이 포함된다.

3. 자산이전 지출

재산상속 및 증여, 사기당한 금액, 위약금, 위자료 등으로 자녀에 대한 상속 및 증여를 제외하고는 그다지 예측할 필요가 없는 금액들일 것이다.

예상지출금액 분류 항목 중 기타 지출의 대부분은 오히려 투자에 해당하는 금액들이고, 비소비지출은 어쩔 수 없이 지출이 일어날 수밖에 없는 항목들이거나 애초에 원천징수되는 금액들이기에 노력한다고 감소시키기 힘든 금액들이다. 반면에 소비지출 대부분의 항목들은 계획과 노력에 의해 지출의 상당 부분을 감소시킬 수 있다. 번거롭겠지만 현재 지출 중인 금액들을 가계수지항목으로 분류해본다면, 국가통계포털 사이트에 올라와 있는 통계청 가계동향조사 데이터와 비교가 가능하다. 예를 들면, 소득 10분위별 가구당 가계지출, 가구주 직업별·산업별 가계지출 등의 데이터를 통해 현재 자신이 지출하고 있는 금액들을 항목별로 비교하면서 지출 수준이 과도한지도 대략적으로 파악할 수 있다.

예상수입지출차액

미래의 수입과 지출을 정확히 예상할 수는 없지만, 대략적으로 계산이 되었다면 예상수입금액과 예상수입지출금액의 차이를 계산할 수 있을 것이다. 노동선택권을 보유한 사람보다 보유하지 않은 사람이 더 많고, 이 책을 읽고 있는 독자의 대부분이 노동선택권을 보유하지 못했다는 가정하에 노동선택권을 보유한 사람부터 정리해보자.

예상수입금액과 예상지출금액 사이에 양(+)의 차액이 계산된다면 노동선택권을 보유한 사람이며, 그 양(+)의 차액에 예상 증여 · 상속세를 적용하고, 그 남은 금액을 자녀 수로 나눠도 노동선택권을 보유하기에 충분한 금액이라면 노동선택권 보유 및 증여 가능 계층에 해당한다. 그 외의 예상수입지출차액이 0 미만인 사람들은 모두 노동선택권 미보유 계층에 해당한다.

노동선택권을 보유하지 못하였다고 하더라도, 때때로 위의 계산은 해보는 것이 좋다. 현재 자신의 재무상황을 파악하고, 앞으로 어떤 방향으로 개선시켜야 하는지에 대해 방향을 제시해 줄 수 있기 때문이다. 개인 자산의 종류나 개수가 많지 않을 것이기에 보유한 자산으로 인한 수입을 계산하는 것은 매우 오랜 시간이 걸리지는 않을 것이고, 예상지출금액 초기에 언급하였듯이 계좌 잔고내역과 신용카드명세서를 살펴보면 과거와 현재의 지출 수준을 파악하는 일이 크게 어렵지는 않을 것이다. 파악한 지출 수준에서 가계수지항목들을 따라 짚어가며 미래에 발생할 수 있는 지출, 혹은 증가할 수 있는 지출을 고려한다면 좀더 근접한 예상이 가능하다.

현실적으로는 예상수입금액과 예상지출금액에 대해서 대략적으로 계산하여 예상수입지출차액의 규모를 파악하고, 매월, 그리고 매년을 기준으로 현재와 미래의 손익계산서를 만들어 보는 것도 방법이다. 미래 어느 시점의 지출항목과 현재 상황은 매우 큰 차이를 보일 수 있는데, 예를 들면 교육비, 유흥비 등은 대체로 나이가 들면서 감소하게 되는 반면, 의료비 등은 증가한다. 특히 나이가 많아지면 교육비가 줄어드는 편이며, 이에 따라 대체로 지출이 감소한다. 또한 공적연금만으로 예상지출의 상당 부분이 충족될 수도 있다.

변수

예상수입금액과 예상지출금액을 계산함에 있어서 계산 오류가 생길 수 있는 중요 변수가 여럿 있다.

1. 물가상승률(인플레이션, Inflation)

일단 가장 먼저 언급하고 싶은 점은, 금융이나 경영지식이 조금이라도 있는 사람들은 당연히 느꼈겠지만, 위의 계산에서는 물가상승률이 고려되지 않았다.

「제1부 부자의 기준은 무엇인가?」에서도 잠깐 언급했지만, 앞으로도 자주 이야기하게 될 경제학자 케인즈John Maynard Keynes는 그의 저서 『설득의 에세이』에서 아래와 같이 말했다.

"각국 정부는 지속되는 일련의 인플레이션을 통해, 보이지 않고 비밀스럽게 시민의 부(富)의 중요한 부분을 몰수할 수 있다.[24]"

이 글의 내용은 자본주의의 약점에 대한 의미이지만, 자본주의 사회에서 인플레이션은 늘 존재한다고 가정해야 한다. 인플레이션은 오랜 시간에 걸쳐 우리의 순자산을 갉아 먹는다. 미국 연방준비은행의 경우, 미국 경제의 가격안정을 위하여 공식적으로 연 2%의 인플레이션을 목표하고 있다. 연 2%가 커 보이지 않는 숫자일 수도 있지만, 매년 복리로 적용된다면 우리의 인생은 꽤 긴 시간이 남아 있기에 점점 쌓이면서 큰 영향을 미치게 된다.

예를 들어, 1990년 대의 물가와 현재의 물가를 비교해 보면 좀더 쉽게 이해할 수 있다. 1990년대 초만 해도 강남에 한 그릇에 600원 하는 짜장면이 있었던 반면, 2023년에는 웬만한 중식당에서는 8,000원에 먹을 수 있다. 33년 동안 7,400원이 올랐고 매년 똑같은 비율로 가격이 상승했다고 가정하면, 33년 동안의 물가상승률은 연 8.165%가 넘는다.

다음 차트는 1966년부터 2022년까지 매년 우리나라의 소비자물가지수 상승률을 보여주는데, 급격한 성장기였던 60년대 및 70년대에는 상당히 높은 물가상승률이, 그리고 어느 정도 경제 성장 속도가 둔화된 2000년 이후는 상대적으로 낮은 수준의 물가상승률을 보여주고 있다.

24 "By a continuing process of inflation, Governments can confiscate, secretly and unobserved, an important part of the wealth of their citizens." Essays in Persuasion, "The Economic Consequences of the Peace", John Maynard Keynes (1919년 11월)

하지만 여전히 물가는 꾸준하고도 지속적으로 상승하고 있다. 미래의 현금흐름을 계산해야 하는 우리에게 오늘날의 만 원이 20년 후에도 똑같이 만 원의 가치를 갖고 있을 거라고 생각하는 건 합리적이지 않다.

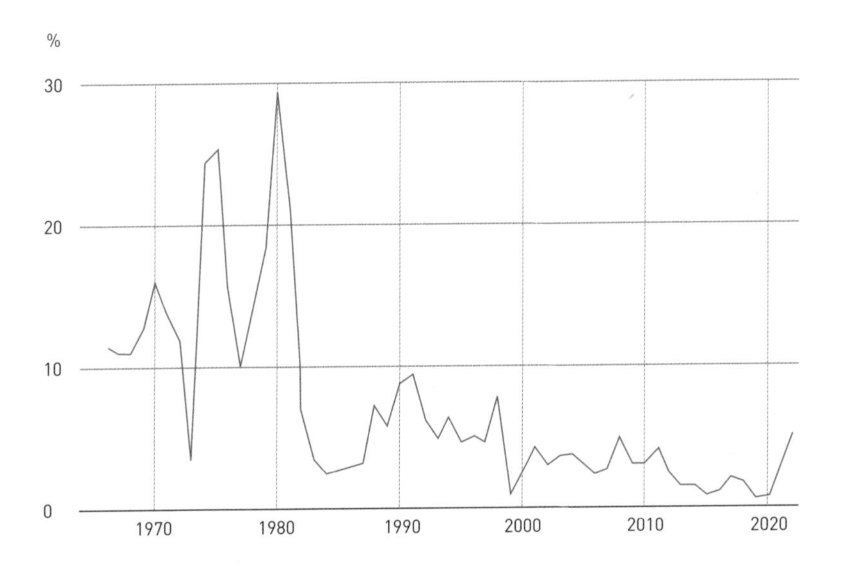

한국의 소비자 물가상승률(1966~2022, 통계청 소비자 물가 조사)

앞으로도 마찬가지일 것이다. 물가상승률을 양(+)의 숫자로 유지하려는 중앙은행들의 노력에 의해 자본주의 사회에서는 물가가 어느 정도 지속적으로 상승할 것이라고 가정하는 편이 안전하다. 성장이 빠른 개발도상국의 경우에는 그 상승률이 높은 반면, 선진국에서는 물가상승률을 개발도상국들보다는 낮은 수준에서 유지하려고 하긴 하지만, 물가 상승률이 0% 혹은 그 이하인 경우는 일반적인 상황은 아니다.

인플레이션을 고려한다면 예상수입금액도 변동할 수 있지만, 예상지출금액, 특히 소비지출액은 시간이 지남에 따라 꽤 큰 폭으로 증가할 수 있다. 따라서 개인의 재무상태표를 정확히 계산하고자 한다면, 적절한 물가상승률 혹은 이자율을 적용하여 각 기간에 발생할 수입과 지출금액을 할인해야만 보다 정확한 재무상태표를 도출할 수 있을 것이다.

하지만 이전의 계산들에서 인플레이션을 고려하지 않은 이유도 있다. 물론 미래의 물가상승률을 꽤 근접한 수준으로 예상하는 것이 불가능할 수도 있겠지만, 일부 항목들은 그 자체로 물가상승률이 반영되는 경우도 있기 때문이다. 예를 들어, 현금을 비롯한 예금 이자 등은 인플레이션을 반영하지 못하지만, 부동산 자산은 그 가치가 물가상승률을 어느 정도 반영할 수 있으며, 사업소득 또한 물가가 상승하면 그 금액이 커지는 것이 일반적이다. 반면, 지출금액은 현재가치화하면 금액이 작아지게 될 것이기에 보수적인 접근 방식이 아닐 수 있다. 수입과 지출을 비롯한 미래의 모든 현금흐름을 정확하게 예측하는 것 자체가 불가능할 것이므로, 수입과 지출 모두 현재가치화를 하지 않는 것이 예상수입지출차액이 음(-)의 금액을 띄는 노동선택권 미보유자에게는 더 실용적이고 보수적인 접근 방식일 수도 있다.

2. 자산수익률

보유하고 있거나 보유하게 될 개별 자산의 수익률은 해당 자산의 성과에 의해서도 변동할 수 있지만, 아무리 훌륭한 투자판단을 하였더라도 거시경제학적 요인에 의해서 변동될 수 있다.

가장 간단한 예를 들어보면, 예금금리의 변동이다. 90년대 및 그 이전에만 해도 10%가 넘어가는 예금금리가 당연했었는데, 아시아 금융위기를 극복하고 나서부터는 예금금리가 바닥을 기기 시작하더니 2020년에는 1% 미만인 예금금리가 당연하게 여겨졌었다. 금리가 낮아지는 것은 예금이나 채권의 수익률에만 영향을 미치는 것이 아니라, 기준금리나 예금금리가 다른 자산수익률에 대해서도 기준이 되기에, 전반적인 자산 전체의 수익률 하락으로 이어지게 된다. 일본과 유럽이 경제학적으로 불가능해 보였던 마이너스 금리까지 갔었던 것을 생각해 보면, 금리 및 금리의 움직임으로 인해 영향을 받게 될 다른 자산군들

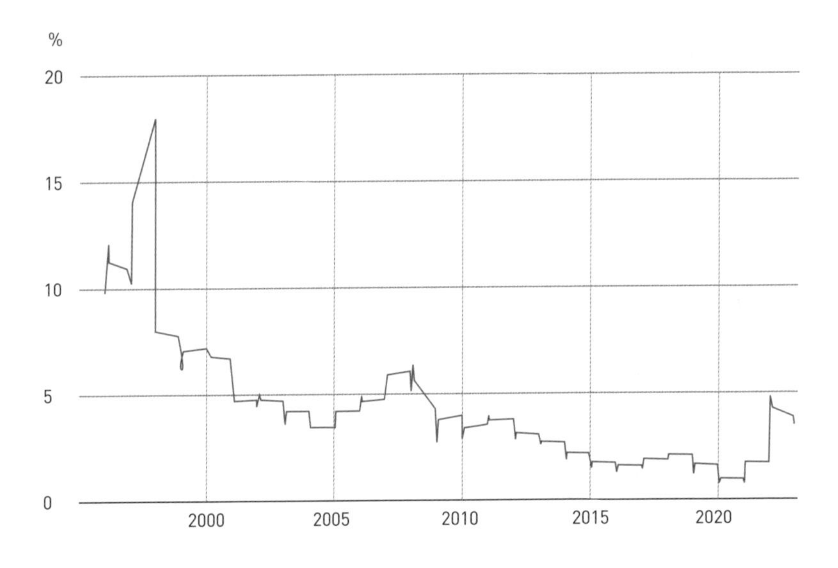

저축성수신금리(1996년 1월~2023년 3월, 한국은행 통화금융통계)

의 미래 수익률은 예측하기 힘들기에, 예상수입금액의 자산수익률 및 예상지출금액의 이자비용에 대한 변수가 될 수 있다.

3. 기타 변수

소비 패턴의 변화, 자녀의 출생, 수술비를 비롯하여 소송비용이나 합의금 등 갑작스러운 목돈 지출, 예측하지 못한 자산가격의 변화 등 미래의 현금흐름에 변수가 될 수 있는 것들은 이 밖에도 무수히 많으며 누구나 자신의 미래를 충분히 예측하기는 힘들다. 따라서 예상지출금액의 예측에서는 어느 정도 여유를 남겨 놓고, 예상수입금액의 예측에서는 좀더 보수적으로 접근하는 편이 낫다.

제3부

일하지 않아도 되는 진짜 부자가 되려면?

1

자산을
분석하라

노동선택권을 기준으로한 재무상태표를 들여다보면, 노동선택권을 보유하기 위한 방법이 매우 명확하다. 일단, 노동선택권을 보유하지 못한 사람의 재무상태표를 다시 그려보면;

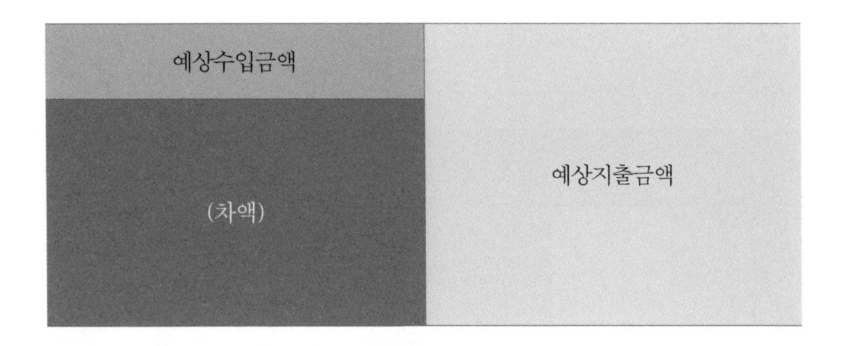

예상수입금액이 예상지출금액보다 작아서 예상수입지출차액이 음(-)의 상태를 띄는 그림에서, 아래와 같이 예상수입금액이 예상지출금액보다 커서 예상수입지출차액이 양(+)의 상태가 되어야 한다.

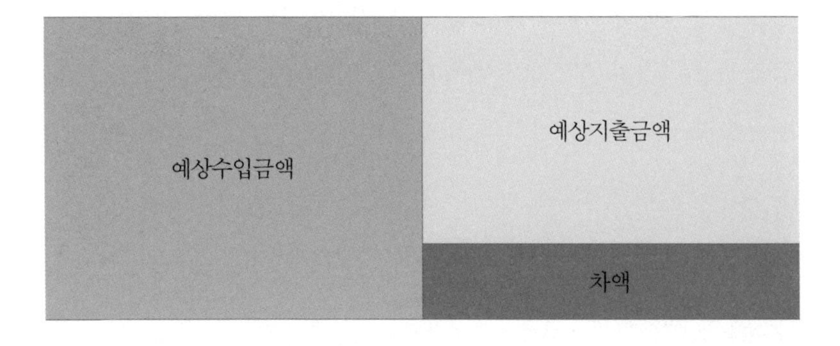

결국 1) **예상수입금액을 증가**시키고, 2) **예상지출금액을 감소**시켜야 노동선택권 확보가 가능하고, 예상수입증가액과 예상지출감소액의 합이 현재의 차액보다 커져야 한다.

이를 다시 그림으로 표현하면;

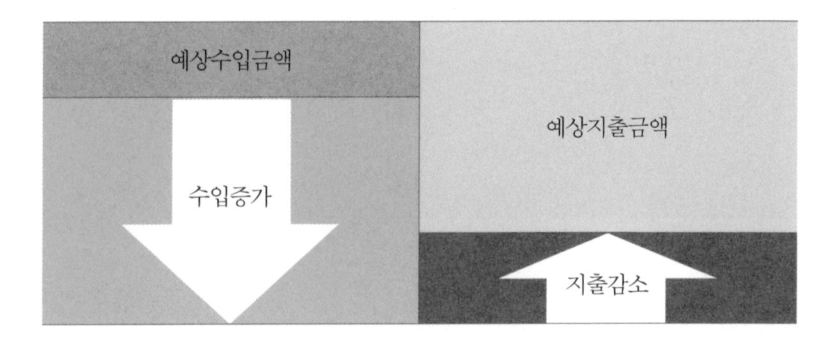

여기에 노동선택권 확보 목표 시점을 반영하게 된다면, 위의 그림에서 두 가지를 추가하게 된다. 하나는 현재로부터 목표 시점까지의 근로소득이 포함되고, 또 목표 시점까지의 지출이 감소하게 된다. 목표 시점은 경우에 따라 다르겠지만, 몇 달의 개념이 아닌 몇 년, 혹은 아직 형성된 자산이 많지 않은 초년생에 가까운 직장인들에게는 십 년 이상이 될 수도 있다.

이를 다시 표현하면 다음과 같다.

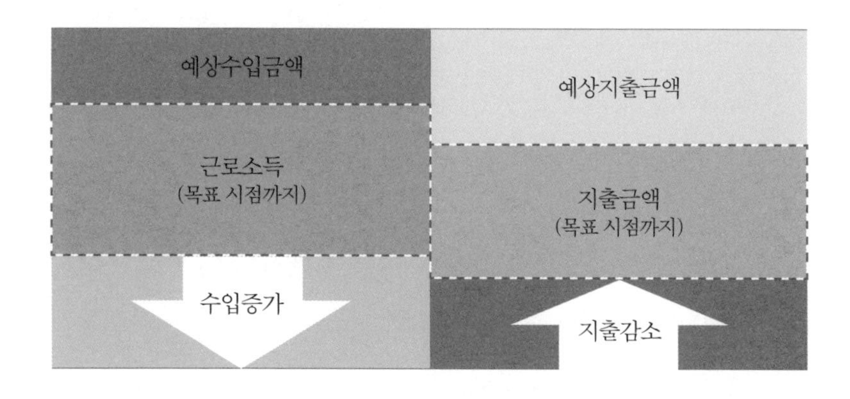

앞의 그림을 기준으로 경우의 수를 추가하면, **1) 예상수입금액의 증가, 2) 예상지출금액의 감소, 3) 목표 시점까지 근로소득의 증가,** 그리고 **4) 목표 시점까지 지출금액으로 인한 예상지출금액의 감소폭 증가,** 이 4가지가 그림상으로 보이는 모든 가능한 경우의 수라고 볼 수 있다.

해당 경우의 수를 하나씩 짚어보자.

1) 예상수입금액의 증가

예상수입금액 항목 중 자신의 의지로 증가시킬 수 있는 항목은 경상소득 중 사업소득과 재산소득, 그리고 기타 소득 중 자산변동수입이라고 볼 수 있다. 이 세 가지 항목은 모두 우선 자산이 증가하여야 실행이 가능하고, 그 소득 및 수입 금액을 증가시킬 수 있다. **자산의 증가** 이후에는, 투자한 **사업 수익을 증가**시켜 사업소득이 발생될 수 있고, 증가한 자산으로부터의 **자산수익률의 증가**가

수반되어야 재산소득과 자산변동 수입이 증가하여 **예상수입금액을 증가**시킬 수 있다.

2) 예상지출금액의 감소

예상지출금액의 감소는 소비지출의 감소가 주를 이룰 수밖에 없을 것이며, 작은 소비성향의 변화도 오랜 기간에 걸치면 큰 영향을 미칠 수 있다. 또한, **소비의 감소**는 결국 **자산의 증가**에 영향을 미치게 되며, 나아가서 **예상수입금액의 증가**에 기여하게 된다.

3) 목표 시점까지 근로소득의 증가

대부분의 직장인들은 목표하는 시점까지의 근로소득을 예상할 수 있을 것이다. 이를 기반으로 목표 시점을 설정하게 될 텐데, 상황에 따라 근로소득을 증가시키기 위해서는 이직을 고려해 볼 수도 있을 것이다. **근로소득의 증가**도 결국 **자산의 증가**에 직접적인 영향을 미쳐서 **예상수입금액이 증가**된다.

4) 목표 시점까지 지출금액으로 인한 예상지출금액의 감소폭이 증가

목표 시점까지 지출금액을 증가시킨다는 표현은 오해가 생길 수 있다. 이는 매 기간별 지출을 증가시켜서 목표 시점까지의 지출을 증가시키는 것이 아니다. 목표 시점, 즉 은퇴 시점을 지연시켜서 향후 **예상지출금액을 감소**시키는 것이다. 다시 말해서, 예상수입금액을 늘리고 예상지출금액을 감소시켜도 노동선택권이 확보되지 않는다면, 결국 목표 시점을 지연시켜서 예상지출금액 예측 기간을 줄이고, 그 기간만큼의 **근로소득을 증가**시켜서 **자산을 증가**시키게 된다.

이를 위의 그림에 표현하면 다음과 같다.

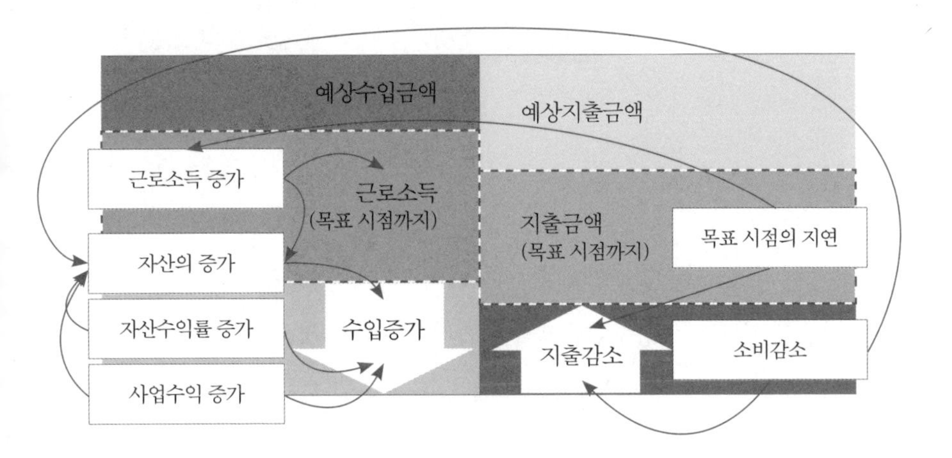

각각의 요소가 서로 유기적으로 얽혀 있어서 그림으로 보기에는 복잡하게 보인다. 좀더 쉽게 이해할 수 있도록 아래와 같이 표현해 보았다.

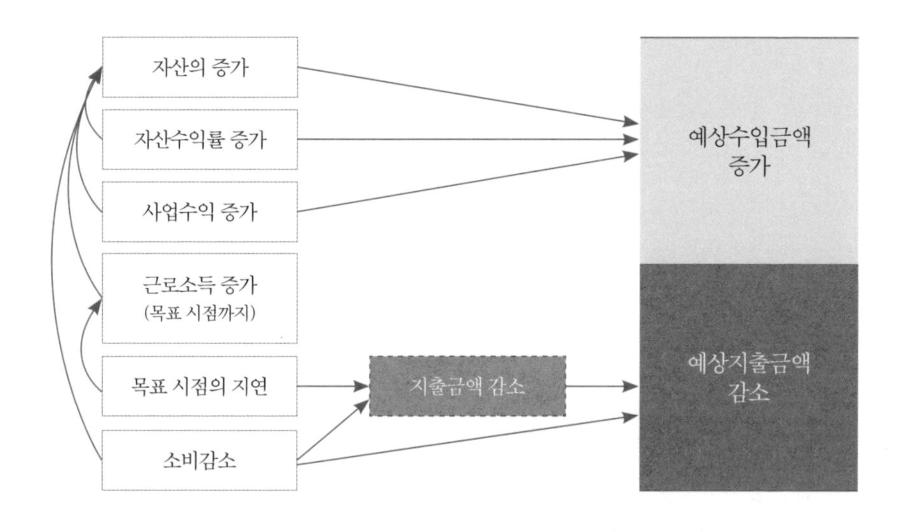

자산의 증가는 예상수입금액을 증가시킬 것이고, 자산수익률의 증가는 그 자체로 예상수입금액을 증가시키기도 하지만, 자산을 증가시키면서 간접적으로 예상수입금액을 증가시킬 수도 있다. 사업수익의 증가도 마찬가지로 예상수입금액을 증가시키겠지만, 자산의 증가를 통해서도 예상수입을 증가시킬 수 있다. 목표 시점까지 근로소득을 증가시킨다면, 자산을 증가시켜 예상수입금액을 증가시킬 것이다.

목표 시점을 지연하면, 그 시점까지의 지출금액을 감소시킴으로써 예상지출금액을 감소시키기도 하지만, 목표 시점까지의 근로소득을 증가시켜서 자산의 증가를 통해 예상수입금액을 증가시킬 수도 있다. 소비의 감소는 예상지출금액을 직접적으로 감소시킬 수도 있지만, 목표 시점까지의 지출금액도 감소시켜 간접적으로 예상지출금액을 감소시킬 수도 있고, 또 한편으로는 자산을 증가시켜 예상수입금액을 증가시킬 수도 있다.

결국 노동선택권을 확보하기 위해서는 예상수입금액을 증가시키는 한편, 예상지출금액을 감소시켜야 한다. 한 단계 더 나아가면, **자산의 증가, 자산수익률의 증가, 사업수익 증가, (목표 시점까지) 근로소득의 증가, 목표 시점의 지연,** 그리고 **소비의 감소,** 이렇게 6가지의 작은 꼭지들로 정리될 수 있다.

2

절약이
첫 번째다

절약의 효과

오래전에 지인 한 명이 나에게 물었다.

"××은행에 ○○통장이 나왔는데 1년 정기예금금리를 1%p를 더 준다는데 어떻게 생각해? 가서 가입하고 올까?"

1%p라면 적지 않은 금리 차이이긴 한데, 당시에는 온라인으로만 신규 계좌개설이 가능했을 때가 아니었고, ××은행 지점이 그다지 많지는 않았었기에 되물었다.

"그래? ××은행이 가까운데 어디 있나?"

지점이 그다지 가까운데 있지 않아서 걸어서 갈 만한 곳은 없었다. 그래서 다시 물어봤다.

"얼마를 예금하려고 하는데?"

대답은 1,000만 원을 예금하려 한다고 했다.

여기서 잠시 생각해 보았다. 1,000만 원의 1년 1%p 차이면, 연 10만 원 차이이다. 여기에 이자소득세 14%와 지방세 1.4%를 고려하면 84,600

원으로 월 7,050원이다. 그래서 대답했다.

"원금이 1,000만 원이고 1년 예금금리 1%p 차이인데, 이거 연 10만 원도 안 되는 차액 벌려고 멀리 있는 지점까지 가입할 때 한 번, 해지할 때 한 번 가느니, 평상시에 택시를 2~3번 정도 덜 타는 게 낫지 않을까?"

그렇다. 일단 종잣돈이 어느 정도 모이기 전에는 그 돈을 가지고 무엇을 해도 의미 있는 수익이 벌리지 않는다. 반면 오늘 저녁에 탔었을 택시를 안 타고 대중교통을 이용했다면, 1,000만 원을 1%p 차이의 정기예금에 넣어서 벌리는 한 달어치 금리 차이의 2배 이상을 아낄 수 있으며, 아낀 돈은 그대로 당신의 자산이 된다.

이 이야기는 그간 일하는 동안 만나왔던 많은 주니어 친구들에게 해줬던 이야기이다.

그래도 나름 자산을 형성해 왔고 월급 이외의 수입도 있었던 터라, 같이 일하던 젊은 친구들이 나에게 재테크에 대한 질문을 하는 경우가 많았다. 아직 사회 초년생에 가까운 직장인들에게 큰돈이 있을 리가 없었으니, 나는 대부분 그 돈을 가지고 뭘 하려고 생각하지 말고 일단 최대한 아끼면서 돈을 모으라고 조언해 주었다. 1,000~2,000만 원 정도의 투자금으로는 상대적으로 안전한 투자를 해서는 별 볼일 없는 수익에 불과했을 것이다. 그렇다고 뭔가 의미 있는 수익을 얻기 위해서는 상당한 위험을 감수해야 하는데, 사회 초년생이던 친구들에게 그 위험을 분석할 수 있는 능력, 그보다도 시간이 충분하지 않을 것이기에 그런 조언을 했었고, 지금도 하고 있다.

앞에서도 여러 번 언급하였지만, 자산을 증가시키고 자산에서의 수익률을 증가시키는 결정과 그 실행은 어느 정도 시간이 필요하다. 그리고 자산에서 의미 있는 수익을 추구하기 위해서는 일단 어느 정도 수준의 종잣돈이 마련되어야 한다.

수년 전에 공복 유산소 운동으로 단기간에 큰 폭의 체중 감량을 해본 적이 있다. 매일 아침 출근하기 전 이른 시간에 공복 상태로 러닝머신을 30~40분 가량 걷고 뛰고는 했었다. 출근 2시간 전에 기상하는 것도 고역이었지만, 일어나자마자 유산소 운동을 하는 건 매우 힘들었다. 당시 섭취 칼로리를 계산해주는 어플리케이션도 같이 사용하고 있었는데, 모든 음식과 음료를 기록하다보니 기록하기가 귀찮아져서 0kcal의 물이나 차 위주로 음료를 마시곤 했었다. 또한 간식이 먹고 싶어질 때는, 포만감도 생기지 않을 간식 따위에 아침 공복 유산소 운동으로 500kcal를 소모한 나의 그 힘든 노력을 희석시키고 싶지 않았다. 결국 그 생각으로 음식 섭취 조절을 할 수 있었고, 유산소 운동과 함께 수개월간 꾸준히 꽤 많은 체중을 감량할 수 있었다.

마찬가지이다. 예상수입금액과 예상지출금액의 차이를 파악한 뒤, 노동선택권을 획득하기 위해서 어느 정도 규모의 순자산이 증가해야 한다. 자산으로부터 어느 정도 규모의 수익이 생겨야 하는지를 파악하고 나면, 그리고 그 음(-)의 차액을 줄이기 위해 노력하고 있는 상황이라면, 굳이 하지 않아도 되는 소비는 안 하려고 하지 않을까?

예를 들면, 앞서 말한 대로 택시 이용을 줄이는 것도 절약이다. 또한 핸드폰 신형 모델 구입을 한두 번 정도 걸러도 살아가는데 크게 불편하지 않을 것이다. 불필요한 외식을 하지 않거나 5년에 한번 교체하던 자동차를 6년이나 7년에 한번 교체하고, 사고 싶은 걸 좀더 참아보는 것도 방법이다. 구매해야 하는 물품이라면 발품을 조금 팔아서 더 나은 가격에 구매하는 방법도 있는데, 요새는 가격 비교가 더욱 쉬워져서 어렵지 않게 더 낮은 가격에 같은 물품을 구매할 수 있다. 근처에 있는 가게라면 배달 수수료를 지불하지 않고 직접 가서 픽업을 하는 것도 절약이며, 외출할 때 필요 없는 전등을 끄고 나가는 것도 절약이다. 하나하나를 금액으로 계산하면 그다지 크지 않은 금액이라고 생각할 수도 있지만, 쌓이면 꽤 큰 금액이다. 시간이 지날수록 절약하는 습관으로 인한 소비 감소액은 결국 자산 증가액이 되며, 매우 큰 금액이 될 수 있다.

마음의 기준을 정하는 것도 방법이다. 1,000원, 2,000원 정도의 무언가는 충동구매를 할 수도 있겠지만, 10만 원 이상의 지출을 하기 전에는 한 번에 의사 결정을 하지 않는 것이다. 10만 원이 넘는 무언가를 사기 전에는 웹 서핑을 통해 정말 나에게 도움이 되는 구매인지 확인해보고, 더 나은 것이나 더 저렴한 금액의 대체품은 없는지 찾아보자. 이렇게 해보면 꽤 여러 번의 경우에 결국 지출하지 않아도 되는 금액이었다고 결론지어진다.

절약하며 사는 나에게 구두쇠라고 비난하던 사람들도 많았지만, 별로 개의치 않는다. 나는 비싸지 않은 차를 타고, 브랜드 없는 옷이나 신발을 사고, 시계는 찰 생각도 없지만, 여러 사람들이 나눠서 내는 돈을 내지 않거나, 내 차례에 내야 할 돈을 내지 않으면서 절약하는 것은 아니다. 친한 사람들, 친해져야 하는 사람들 사이에서는 오히려 밥값이나 술값을 크게 아낄 생각을 하지는 않는다. 나에게 큰 효용이 없는 지출은 남들과 비교하지 않고 줄이고, 필요하다고 생각하는 지출은 절약하지 않는다. 지출해야 할 금액을 줄여서 절약하는 것이 아니다, 지출하지 않아도 될 금액을 줄이자는 것이다.

다시 생각해 보자. 오늘 당신이 절약한 금액은 내일 당신의 자산이 된다. 투자를 위한 종잣돈에 더해질 것이며, 잘 관리되는 당신의 자산은 지속적으로 수익을 창출한다.

명품의 심리

베르나르 아르노Bernard Arnault라는 사람을 아는가? 세계 최고 부자 대열에 올라 있지만 그의 이름은 조금 생소할 수도 있다. 그와 그의 가족의 재산은 자그마치 $224 Billion, 2,240억 달러 규모로 2023년 포브스Forbes 부자 순위 1, 2위를 다투고 있으며, 세계 최대의 럭셔리 소비재 기업 LVMHLVMH Moët Hennessy Louis Vuitton의 회장이다.

그는 아버지가 운영하던 건설 회사에 입사하여 건설 부문을 매각하고, 부동산 개발 사업에 집중하다 1984년에 디올Christian Dior을 인수한다. 그리고 1988년과 1989년에 걸쳐 루이비통Louis Vuitton 지분을 매입하며 1989년 1월 LVMH의 회장이 된다. 이후 수많은 인수 합병을 통해 다양한 브랜드를 키웠고, 이제 LVMH는 세계 최대의 명품 그룹으로 자리 잡고 있다.

명품계의 공룡이라고 할 수 있는 LVMH 그룹이 보유한 브랜드는 셀 수 없을 정도로 많은데, 패션 쪽으로는 루이비통Louis Vuitton, 디올Christian

Dior, 펜디Fendi, 겐조Kenzo, 리모와Rimowa 등이 있고, 시계나 보석 쪽으로는 불가리Bulgari, 티파니Tiffany & Co. 등, 주류 쪽은 돔 페리뇽Dom Pérignon, 헤네시Hennessy, 모엣샹동Moët & Chandon 등이 그 그룹의 대표 브랜드이자 매우 작은 일부이다.

2022년 기준으로 이 회사의 총 매출액은 약 790억 유로, 영업이익은 약 210억 유로가 넘으며, 순이익만 해도 140억 유로가 넘는다. 매출도, 영업이익률도, 순이익률도 어마어마하다.

아무리 LVMH 그룹이 럭셔리 업계의 공룡이라 하더라도, 에르메스Hermes, 버버리Burberry, 조르지오 알마니Giorgio Armani, 샤넬Chanel, 프라다Prada등 다른 명품 경쟁사들도 수두룩하니 전 세계의 명품 시장은 훨씬 더 큰 규모일 것이다. 참고로 미국의 시장조사기관인 엑스퍼트 마켓 리서치Expert Market Research는 2022년 세계 명품 시장 규모를 $331.6 billion, 3,316억 달러로 추정하였고, 이는 원화로 427조 원이 넘는 금액이다.

매출액의 규모가 크다는 것은 그만큼 많이 팔린다는 의미이고, 마진이 높다는 것은 상품 가격에서 제조원가에 비해 브랜드 가치가 훨씬 더 크다는 것이다. 즉 명품이기에 소비자들이 여타 제품들과 비교 할 수도 없는 웃돈을 주고 구매하고 있다는 걸 보여준다.

이렇게 많은 명품들을 도대체 누가 사는 것일까?

놀랍게도 우리였다. 미국의 언론사 CNBC는 2023년 1월 12일 기사에서 모건 스탠리Morgan Stanley의 수치를 인용하여, 한국의 1인당 명품 소비금액이 연 $325, 한화로 약 40만 원이라는 기사를 냈었다. 세계에서 가장 명품을 많이 소비하는 국민이라는 의미다.

도대체 사람들은, 그리고 우리들은 왜 이렇게 많은 명품을 소비하고 있을까?

미국의 경제학자이자 사회학자인 소스타인 베블런Thorstein Bunde Veblen은 1899년 발간된 그의 저서 『유한계급론The Theory of The Leisure Class』에서 소득과 축적된 부(富)를 과시하려고 명품에 지출하는 것을 설명하기 위해 과시적 소비Conspicuous consumption라는 용어를 만들었다. 더 낮은 가격의 대체재가 있음에도 불구하고 소비자가 더 비싼 상품이나 서비스를 구매하는 비정상적Abnormal인 시장 행태를 보이는 걸 말하는데, 이는 높은 가격의 상품이 질 좋은 상품이라고 믿거나 과시적 소비를 위해서라고 하며, 경제학에서는 이런 현상을 그의 이름을 따서 베블런 효과Veblen Effect라고 한다.

베블런 효과는 높은 소득과 재산을 과시하려는 경향이 명품에 대한 구매를 일으킨다고 표현하였지만, 주변을 살펴보면 사실 소득이 그리 높지 않고 재산이 그리 많지 않은데도 명품 구매를 하는 경우를 쉽게 찾아볼 수 있다.

명품 소비에 대해 여러 사람에게 지속적으로 자주 듣게 되는 이야기가 두 가지 있다. 우선 남성의 이야기다. 사람마다 다르겠지만, 남성들의 경우 자동차, 시계, 음향기기 등에 큰 금액을 쓰는 경우를 많이 봐왔는데 그중에서도 특히 자동차에 대한 이야기다.

"○○호텔에 ×××(국산 경차)를 끌고 가서 발렛파킹을 맡겼더니 직원이 눈치를 주더라. 요새는 국산 중형차도 무시를 받는다더라구. 역시 차는 좋은 외제차를 끌고 다녀야 해."

이런 이야기, 다들 한두 번은 들어봤을 것이다. 사실 한두 번 정도가 아니라, 매우 어렸을 적부터 자주 들어왔던 이야기이다. 최근에도 누군가가 비슷한 이야기를 하길래 이렇게 답했다.

"형님, 우리 가게에도 발렛파킹을 하는데, 발렛하는 직원이 주차하는 차를 보고 판단해서 손님을 가릴 수 있을 정도로 주인 정신이 있는 직원이라면 월급을 더 주고서라도 데려오고 싶습니다."

보통 호텔에서 발렛파킹을 하는 직원에게는 고급승용차건 경차건 한 대의 차량일 뿐이다.

그 차를 세우는 일이 그들의 업무이며, 업무를 수행하는 시간에 따라 시급이나 월급을 지급 받는다. 경차가 왔다고 하더라도 경차를 타고 온 사람이 호텔에서 매출을 얼마나 일으킬까 하는 의문은 그들의 업무 영역이 아니기에 신경을 쓸 이유도, 필요도 없다. 그 경차를 타고 간 사람이 그런 느낌을 받았다면, 자격지심(自激之心)이었을 가능성이 크고, 만에 하나 실제 발렛파킹을 한 직원이 그런 태도를 취했다고 해도 대체 무슨 큰 상관이 있을까? 설마 경차라고 발렛파킹을 안 해주겠다고 하지는 않았을 텐데 말이다.

예전에도 자주 듣던 이야기였지만 그날따라 특별히 느껴졌다. '아마도 저 말은 결국 남자들이 비싼 외제차를 타고 다녀야 한다는 이유를 주장하기 위해서 하는가 보다'하고 생각했다.

곧잘 듣는 또 다른 재미있는 이야기는, 샤넬 가방을 사면 시간이 지나 중고로 팔아도 오히려 더 비싸게 팔 수 있으니 이걸 심지어 샤테크라고 부른다는 여성들의 이야기이다. 샤넬 가방을 사는 게 분명히 오를 주식에 투자하는 것과 같은 투자라는 주장이다. 그런 말을 들으면 이렇게 답하곤 한다.

"그래서 중고 가격이 오르면 파실 겁니까?"

혹은,

"지금 가지고 있는 샤넬백들도 가격이 올랐을 텐데, 그것들도 곧 파실 겁니까?"

무슨 대답을 들었을지는 굳이 확인하지 않아도 될 것이다. 팔 수 없는, 또는 팔지 않을 무엇인가를 구매하는 것은 투자가 아니라 그냥 소비다.

물론 나도 예전에 명품을 사 본 적이 있고, 아직도 일부 보유한 것들이 있지만, 솔직히 잘 모르겠다. 15만 원짜리 정장도 충분히 제 기능을 하는데 300만 원짜리 정장은 도대체 왜 필요한 걸까? 그 비싼 정장은 어디 상할까 봐 입고 다니기도 겁이 나는데 말이다.

예전에 같은 회사에서 일하던 한 형님은 주체할 수 없을 정도로 수입이 많은 부자들이나 수백, 수천 만 원하는 명품을 사는 거지, 우리 같은 일반 사람들이 명품을 구매하는 건 부자 코스프레하는 거라고 표현했었다. 어떤 사람들에게는 매우 기분 나쁠 수 있는 신랄한 비판인 듯하지만, 일부 공감이 되는 표현이다.

아직 부자가 아닌데 부자인 척을 할 필요가 있을까? 부자인 척을 하기 위해 명품을 구입한다면, 그 구입한 금액만큼 자산이 감소하고, 감소한 자산만큼 가난해진다.

니드와 원트

니드Need와 원트Want라는 개념이 원래 어디서 사용하는 개념인지는 잘 모르겠다. 경제학에서 사용되는 개념인 것 같기는 한데, 나의 경우에는 학부 때 마케팅 수업에서 처음 접한 개념이었다.

니드Need는 삶에 있어서 반드시 필요한 것들이다. 가장 기본적인 것으로는 의식주(衣食住)가 있을 것이며, 좀더 범위를 넓혀보면 교육 및 의료서비스 등이 포함될 것이다. 그리고 이에 국한되기보다는, 현재의 삶을 유지하기 위해 필요한 모든 것들을 포함시킬 수 있을 것이다. 어디서 어떻게 사는지에 따라 다를 수 있으며, 주변 환경, 이웃, 그리고 가족구성원에 따라서도 상이할 수 있다.

반면에 원트Want는 현재 즉각적으로, 혹은 나중에 소유하고 싶은 것들을 의미하며, 보다 선택적이고 반드시 소유하지 않아도 되는 것들을 의미한다. 당연한 이야기이겠지만 원트Want는 니드Need보다 훨씬 다양하고, 개개인에 따라 바라는 바의 차이가 훨씬 더 클 것이다.

앞서 「절약의 효과」에서 지출해야 할 금액을 줄여서 절약하는 것이 아니라, 지출하지 않아도 될 금액을 줄여서 절약을 한다는 언급을 한 적이 있었다. 지출해야 하는 금액은 니드Need를 위한 것이고 지출하지 않아도 될 금액은 원트Want를 위한 구매에 해당한다. 또한 특정 금액 이상의 지출은 한 번에 결정하지 않는 이야기도 했었는데, 사실 모두 일맥상통(一脈相通)하는 이야기다. 일정 금액 이상의 지출에 앞서, 정말로 그 지출이 필요한지 판단해 보는 일은 지출을 감소시키는 데 도움이 된다.

2018년 나는 가족들을 홍콩에 놓고 먼저 한국에 들어와서 회사를 다니고 있었다. 코로나가 한창이던 2020년 가을에 가족들이 돌아오게 되면서 함께 살 집을 구하고, 집에서 쓸 가구 등을 알아보며 생활에 필요한 준비도 하고, 아이들 학교도 알아보던 때였다. 당연히 차가 한 대 더 필요했었는데, 아들이 셋인지라 좀 큰 차가 좋을 것 같다고 생각했던 나는, 어떤 차를 구입해야 할지 고민하고 있었다. 와이프나 나나 세단을 선호하긴 하지만, 뒤에 세 아이가 앉으면 불편하기도 하겠거니와 서로 가운데 앉기 싫다고 싸우지 않을까 걱정이었기에 기아차의 카니발이나 당시 나온지 얼마 안 되는 현대차의 팰리세이드를 생각하고 있었다. 다른 SUV들은 그닥 관심이 없었다. 어차피 7인승 이상이 아닌 이상 뒤에 세 명이 끼어 앉아야 하는 것은 여느 세단과 매한가지였으니까 말이다. 카니발이야 원래 잘 알고 있던 차였고 제주도에서 렌트도 해 본 적이 있으니 뭘 알아보거나 할 필요는 없었고, 팰리세이드는 생소하였기에 을지로 쪽에서 점심을 먹고 산책 삼아 현대자동차 매장에 가서 차를 구경한 적이 있었다. 외양도 살펴보고 안에도 들여다보니 나쁘지 않아 보였지만, 순간 다른 생각이 들었다. '우리 다섯 식구가 모두 같이 차에 탈 일이 얼마나 자주 있을까' 하는 게 첫 번째 생각이었고, 그 다음에는 '매일 출근해야 하는 내가 없는 평일에 와이프랑 아이들이 차에 타면 어차피 세단으로 충분하다'는 생각이었다. 와이프는 세단을 좋아하니, 내가 동승하지 않으면 세단으로 충분할 테고, 결국 저 큰 차는 내가 타고 다니게 될 가능성이 높은데, 그럼 나는 매일 카니발이나 팔리세이드를 타고 출퇴근을 하게 될 듯했다. 카니발만한 차를 타고 매일 광화문에 있는 회사로 출퇴근하는 걸 생각하니 이건 좀 아니다 싶었다. 그러고는 생각했다. '그래, 세단으로만 해도 충분하다. 먼 길 가는 게 아니면 아이들에게 양해를 좀 구하고, 정말 어디 장거리 여행이라도 가는 경우에는 차라리 차량을 렌트하자.' 장거리 여행을 매달 가지는 않을 테니 차라리 1년에 며칠 렌트하는 비용을 지불하는 게 1년 내내 미니밴만한 차를 끌고 출퇴근하는 것보다 훨씬 낫겠다 싶었다.

결국 큰 차를 사지 않았다. 그리고 약 3년이 지난 지금 되돌이켜 생각해 보면, 7인승 차량을 렌트할 일은 한 번도 없었다. 가족이 돌아오게 되면서 추가적인 차량 혹은 운송 수단이 필요Need하였지만, 7인승짜리 차량은 필요Need가 있었던 게 아니라 원하는 것Want이었고, 사실은 그다지 원할 이유도 없었던 것이다. 보다시피 필요한 것Need은 잘 바뀌지 않지만 원하는 것Want은 상황에 따라, 시간이 지남에 따라 계속 변할 수 있다. 요새는 굳이 차량이 2대일 필요가 있을까 싶기도 하다. 지금 2대를 가지고 있으니 뭔가 변화를 줄 필요는 없겠지만, 그 중 1대를 처분하게 되는 경우 쏘카Socar 같은 공유차량을 이용하는 것도 방법일 듯싶다. 잘 생각해 보면 차는 대부분의 시간을 주차장에서 보내고, 한 가정에 차량이 2대 있는 경우 그 2대를 동시에 사용하는 비중은 그다지 많지 않은 듯하다.

둘 중에 한 명은 대중교통을 이용하고 정히 두 대가 다 필요한 기간에는 공유차량을 이용하는 것이, 신차를 구입해서 매년 자동차세와 보험료 등을 지불하고 차량유지비용을 지출하는 것보다 훨씬 저렴할 거라는 생각이 든다. 게다가 쏘카Socar에서 여러 차종을 빌려 보는 일도 나름 재미있을 수 있다.

홈쇼핑에서 무언가를 구매하는 일도 그다지 필요하지 않은 구매를 충동적으로 하는 대표적인 경우다. 홈쇼핑에서의 모든 구매가 그러한 건 아니겠지만, 홈쇼핑에서 운동 기구를 구매한 후 용도에 맞지 않게 옷걸이로 쓰고 있는 경우를 한두 번쯤 직간접적으로 경험해 본 적 있을 것이다. 당연히 옷걸이로 적합하지 않지만, 처분하는 건 골치 아픈 문제일 수 있고, 또 막상 구매한 비용이 아까워서 처분도 못하고 집 어딘가에 방치하면서 굳이 내 돈 들여 집을 더 좁게 만들어 버린 것일 수도 있다. 혹은 필요한 물건을 구매하러 백화점에 들어갔다가 정작 생각했던 물건은 못 사고 다른 물건을 사 가지고 나오는 경우도 종종 있을 것이다.

필요한 지출만 해야 한다는 주장은 아니다. 어느 정도 소득이 증가하고 부(富)가 쌓이는데 원하는 지출을 아예 하지 않는다면, 열심히 살아가는 이유 자체가 의미 없을 수도 있다. 다만 정말로 필요한 지출은 꼼꼼하게 체크하고, 원하는 지출에 대해서는 과연 정말로 원할 만한 가치가 있는 것인지 재차 생각해보자는 것이다. 자신에게 필요하지는 않지만 원한다고 생각한 상품을 구매했을 경우, 상품에 질리거나 사실 원하지 않았다는 걸 깨달아 버려서 정말로 더이상 원하지 않게 될 수도 있다. 그때는 오히려 물건이 골칫거리가 되어서 자신의 삶이 더 불편해지기도 한다. 비싼 물건일수록, 그리고 일상적인 지출이 아닐수록, 정말로 필요한 지출인지, 정말 원하는 지출인지 여러 번 검토해 보고 구매를 판단한다면, 쓸데없는 지출을 꽤 많이 줄일 수 있을 것이다.

할부와 일시불

기원전 10세기경 메소포타미아Mesopotamia에서도 사인(私人)간의 대출에 대한 기록이 발견되었다고 하니, 사채(私債)의 역사는 길다. 기원전 550년경에도 원금에 대한 이자를 분할하여 납부하는 계약이 발견되었다고 하니, 분할 납부의 역사도 수천 년에 달한다.

장기적으로 사용하게 되는 소비자내구재(耐久財)Durable goods의 구매를 분할하여 납부하는 계약은, 1807년 미국에서 가장 오래된 가구점 중 하나이며 뉴욕의 성장과 그 역사를 같이 한 쿠퍼스웨이트 앤 썬즈Cowperthwait & Sons에서 시작되었다고 알려져 있다. 뉴욕이 아직 작은 마을이었을 당시 존 쿠퍼스웨이트John K. Cowperthwait가 개점한 가구점에서 고객들이 가구 구매 금액을 할부로 지급할 수 있도록 해 주었고, 그로부터 수년 안에 미국 내의 다른 지역 가구점들도 할부 형태로 가구를 팔기 시작하였다고 한다.

초기 할부 구매에 대해 더 유명한 사례는 미국의 재봉틀 제조업체인

싱거Singer가 1850년경부터 값비싼 재봉틀을 할부로 판매한 사례이다. 싱거는 당시 미국 노동자들의 평균 월급의 수배에 달하는 재봉틀을 팔기 위해 할부를 도입하였고, 냉장고, 카메라, 세탁기, 보석, 자동차 등 다양한 상품에 적용되기 시작하면서 우리의 생활에 녹아들었다. 이후 신용카드가 널리 사용되면서 카드업체들의 다양한 판촉 활동으로 거의 모든 내구재를 할부로 구매할 수 있게 되었다.

우리의 생활 속에 너무나 깊게 자리잡은 나머지 할부를 사용에 대한 부담감이나 거리낌보다는 그냥 하나의 결제 수단으로만 생각하는 경향이 많다. 사실 할부로 무엇인가를 구매하는 것은 대출을 받아 그 물건을 사는 것과 크게 다르지 않다. 아니, 오히려 대부분의 할부는 대출 금리보다도 높은 금리가 녹아들어 있다. 판촉 목적으로 무이자할부 상품들도 나오긴 하지만, 일시불로 결제한다고 하면 해당 가격에서 할인이 되는 경우도 많아서 잘 따져보지 않으면 더 비싼 가격에 사게 되거나 이자비용을 추가적으로 내게 되는 경우가 대부분이다.

다시 생각해 보자. 무엇인가를 살 때, 예를 들어 자동차나 핸드폰, 비싼 명품 등 어떤 물건을 구매할 때 자신이 보유한 현금이 부족해서 은행이나 기타 금융기관에서 대출을 받아야만 구매가 가능하다고 하면, 그래도 구매할 것인가? 정확한 비교를 위해서는 은행이나 기타 금융기관에서 대출을 받는 절차가 그다지 복잡하지 않다고 가정해야 하겠지만, 그렇다고 하더라도 과연 지금 사고자 하는 그 물건이 대출까지 받아서 사야 할 만큼 현재 이 시점에 당장 그렇게 필요한 물건일까? 아마도 그렇게까지는 필요하지 않은 경우가 대다수일 것이다. 하지만 같은 개념임에도 불구하고, 아니 은행 대출금리보다 더 높은 할부금융금리를 이자비용으로 지급해야 하는데도 불구하고, 할부 구매는 대출 구매보다 덜 부담스럽게 느껴진다. 그렇기에 판매자들은 할부금융을 적극적으로 활용하여 더 많은 소비자들이 자신들의 물품을 구매하도록 유도하고 있다.

예전에 같이 일했던 주니어 하나가 있었는데 아직 차가 없었다. 어느 날 그가 이런 차 저런 차를 검색하며 무슨 차를 살지 고민하고 있길래 살펴보니 하나같이 가격이 상당한 외제차들이었다. 거의 사회 초년생에 가까운 직원이었기에 물어보았다.

"저 차들 가격이 7,000, 8,000만 원이 넘을 텐데 저 돈이 있어?"

"아뇨, 저 돈이 어디 있겠습니까? 할부로 사야죠."

당시에 나는 이렇게 반응했었다.

"할부는 무슨 할부야? 살 돈이 없으면 애초에 살 생각을 말아야지. 굳이 돈을 빌려서 외제차를 사겠다는 거야?"

누군가에게는 매우 기분 나쁘게 들릴 수 있는 이야기일 수도 있다. 너는 돈이 있으니까, 살 수 있으니까 그런 말을 하는 거라고 고깝게 여길 수도 있다.

어떤 사람들은 대출 자체에 대해 거부감을 느끼기도 하지만, 나는 대출을 잘 활용하면 자산을 형성하는데 유용할 수 있다고 생각하는 사람이다. 주택을 구매하는 것처럼, 어느 정도의 레버리지Leverage를 이용하여 감당할 수 있을 만큼의 위험 투자를 하는 것은 효율적인 전략이 될 수 있다. 지난 20여 년을 채권쟁이로 살아온 나에게는 지극히 당연하고도 반대할 이유가 없는 투자 기법이다.

하지만 투자가 아닌 소비를 위해 받는 대출은 다르다. 물품을 할부로 구입하면 대출을 받아 소비하는 것과 같다. 미래의 수입을 현재에 앞당겨 쓰는 것이다. 2년, 3년, 심지어 5년 이상 할부로 구매하는 것에 익숙해져 버리면, 어느 순간에는 월별로 나가야 하는 할부금액의 합이 월수입의 상당한 부분을 차지하게 된다. 월수입의 상당 부분이 과거에 결제한 할부 구매 대금으로 나가게 되는 상황까지 오게 되면, 정작 필요한 곳에 지출하지 못하게 될 수도 있고, 정말로 괜찮은 투자안에 투자할 자금이 없을 수도 있다. 게다가 특정 월에 어쩔 수 없는 지출로 인해 할부금 납부에 차질이라도 생기면, 그 연체이자율은 상상을 초월하는 금리일 수도 있다. 또한 해당 소비를 후회하게 되는 경우도 허다하다. 현명하지 못했던 소비에 대한 후회와 반성의 기간이 길어진다는 점에서는 중장기적으로 약간의 긍정적인 효과가 있을 수는 있겠다.

할부를 전혀 이용하지 않는다면? 차량이나 가구, 명품 구매 등 큰 금액이 소요되는 내구재의 경우를 생각해보자. 가구나 명품의 경우 수개월, 어지간한 외제차를 구매하기 위해서는 보통 수년 동안은 돈을 모아야 할 것이다. 내가 필요로 하거나 원하는 물건을 구매하기까지 어느 정도 시간이 걸린다면, 해당 물건이 정말로 필요한지, 정말 내가 원하는 욕구를 충족시켜줄 수 있는지 거듭 판단할 기회가 생길 것이다. 특히 비싼 물건일수록 필요해서라기보다는 개인적인 욕구로 인한 구매일 가능성이 높기에, 생각할 시간이 많을수록 정말 원하는 상품을 구매하게 되어 후회 없는 지출이 될 가능성이 높다. 또한 해당 상품의 가격이 합리적이지 않다고 판단하게 될 수도 있으며, 더 저렴한 상품을 찾게 되어 필요가 충족되는 기회도 있을 것이다.

내가 지출하려 하는 그 소비가 대출까지 받아서 할 만큼 나에게 정말 필요한가? 그 소비를 위한 자금을 마련할 때까지 기다리지 못할 정도로 급박한가? 당신이 할부로 구매하려하는 거의 대부분의 상품은 지금 반드시 필요한 상품이 아닐 것이다.

저축의 습관화

저축은 언제부터, 어떤 때에 해야 할까? 저축은 사실 자산의 증가에서 다뤄야 할 주제일 수도 있지만, 소비에 미치는 영향도 분명히 있다. 나의 첫 직장에서는 매달 세후로 받는 월급이 180만 원 조금 넘었다. 비록 신입 사원이라고는 하지만, 거의 업계 1위인 증권사 월급치고는 매우 적은 느낌이 있었다. 그 회사는 구정과 추석에 업적급 등을 제외하고, 당시 120만 원 정도로 기억하는 조금 적은 월급[25]을 2번 더 지급하여 1년에 14번 월급을 지급했었다. 그리고 분기마다 생산성 격려금 PI Productivity Incentive라고 이름 붙인 소정의 격려금과 매년 초과이익 분배금PS Profit Sharing이라는 성과급을 지급하는 구조였다.

2003년 1월 근무를 시작하고 그룹 연수가 끝나자마자 월 100만 원

---

25 2003년 당시 120만 원 정도였던 것으로 기억한다.

짜리 정기적금에 가입하였다. 매달 월급이 들어오자마자 100만 원씩 빠져나가서 월 80만 원의 생활비, 혹은 용돈으로 생활하였다. 아직 독립한 상태는 아니었기 때문에 월세나 관리비 등에 대한 부담은 없었지만, 점심을 사 먹고, 가끔 회식 후나 지각할 것 같을 때 택시를 이용하고, 동기들끼리 저녁에 술을 먹기도 하고, 주말에는 친구들과 어울리기에는 분명 부족한 금액이었다. 나는 흡연자이기도 해서 가끔은 담배 살 돈도 모자라는 경우가 있었다. 보통 매달 생활이 약간의 마이너스가 나는 상황이었으니 분기에 들어오는 PI나 명절 때 추가적으로 들어오는 월급이 그렇게 반가울 수가 없었다. 두세 달 동안 마이너스가 누적되어 얼마 안 되는 입출금계좌의 돈이 달랑달랑할 즈음 80~120만 원 정도의 돈이 들어오니 가뭄에 단비처럼 느껴졌다.

당시의 나의 삶은 어땠을까? 미래를 위한 자금마련으로 월급에서 월 100만 원씩 떼놓으면서 정기적금은 절대 깨지 않겠다고 마음 먹었으니, 이미 취직한 내가 부모님에게 손을 벌릴 수도 없고 어떻게든 그 돈으로 살아가야 한다는 생각이었다. 어찌 생각하면 월 80만 원이라는 돈이 아주 작은 돈은 아니었기에, 어떤 사람들에게는 당시 물가 기준에 충분한 돈이었을 것이다. 물론 나도 충분히 그렇게 살 수 있었고, 실제로 그랬다. 나이트클럽 좀 덜 가고, 가라오케 대신 그냥 일반 음식점에서 소주 마시고, 비싼 옷, 비싼 구두 안 사고 안 쓰면 대기업 신입 사원 품위에 크게 벗어나지 않게 잘 살 수 있다. 어차피 고등학교나 대학교 때 놀러 다닐 적에도 늘 용돈이 부족하지 않았었던가?

그 당시 모으기 시작한 돈들은 나중에 나의 첫 번째 주요 투자였던 오피스텔 투자의 기초자금이 되었고, 해당 투자에서는 약 연 7% 이상의 월세 수입과 매각 당시 20% 이상의 시세차익을 이루었다. 결국 월 100만 원의 정기적금은 추후 제대로 된 투자로 더 큰 돈을 벌기 위한 종잣돈이 되었고, 더 큰 돈은 또 그보다 더 큰 돈을 벌기 위한 또 다른 투자자금이 된다.

연봉이 적은 신입 언저리 때 저축하는 게 의미가 있겠는가? 나중에 연봉이 1억 원이 되고, 2억 원이 되고 나면 그때 가서 큰 금액으로 밀린 저축을 하는 것이 더 현명하지 않겠는가? 나 스스로에게도 여러 번 되물었던 질문이고, 여러 사람들에게서 많이 받았던 질문이기도 하다.

아니다. 저축을 투자로 생각하면 일부 맞는 말일 수도 있겠지만, 여기서 이야기하는 매달 월수입의 일부를 모으는 개념의 저축은 투자가 아닌 소비의 제한이다. 그리고 시작부터 소비를 제한하지 않은 사람이 소득이 올라갔다고 기존의 소비를 유지하면서 나머지를 저축할 가능성은 거의 없다.

미국의 경제학자이자 하버드 대학의 교수였던 제임스 듀젠베리James Stemble Duesenberry는 1949년 그의 논문인 「소득, 저축, 소비자 행동의 이론Income, Saving and the Theory of Consumer Behavior」에서 상대소득가설에 대해서 논하였는데, 해당 논문에서 듀젠베리는 소비자행동에 대한 기본적인 경제학적 가정들에 대해 의문을 제기하였다. 그는 개인의 소비 수준을 결정하는데 있어서 사회 환경의 중요성을 강조하였으며, 주변 사람들의 소비지출을 목격하면서 개인의 소비 패턴이 변화될 수 있는 전시효과Demonstration Effect의 개념을 제시하였다. 이 전시효과는 선호의 상호의존성이나 개인의 사회적 지위나 위신을 유지하거나 증가시킬 필요에 의한 현상이라고 주장하였다.

또한 소비의 톱니효과에 대해서도 언급하였는데, 기존의 경제학자들은 소득이 감소하면 같은 비율로 소비도 감소한다고 가정하였으나, 듀젠베리는 일단 소비습관이 형성되고 나면 그 습관이 쉽게 사라지지 않기에 소득이 높았던 시점에 형성된 소비습관은 소득이 감소하더라도 완전히 없어지지 않는다고 주장하였다.

현실에서 너무나도 많은 사례를 접했기에 매우 공감이 가는 주장들이다.

직급이 올라가고 연봉이 증가하면 주위의 사람들도 달라지게 마련이다. 점차 나이가 들면서 일하면서 만나게 되는 사람들과 주변 친구들도 소득이 증가했을 것이고, 신입 사원일 때보다는 씀씀이도 커질 수밖에 없다. 신입 사원이라면 선배들과 다닐 때 보통 얻어먹는 경우가 많았을 테지만, 직급이 올라가면서는 후배들에게 가끔 베풀지 않으면 비난을 받기 십상이다. 젊었을 때는 대충 아무데서나 식사나 음주를 해도 좋았지만, 나이가 들면서는 분위기 좋은 식당이나 바를 찾을 것이고, 그런 곳은 분명히 더 비싸다. 결혼을 하게 되고, 자녀가 생기게 되면 그 지출은 더욱 증가하게 된다. 상당 수준의 소득을 유지하고 있다면, 아마도 더 부유한 동네에 살게 될 가능성이 크다. 그 동네 아이들은 더 많은 교육비를 지출하면서 살게 될 것이며, 영어 유치원이건 학원이건 우리 아이만 홀로 보내지 않고 살 수 없을 것이다.

더욱 큰 골칫거리는, 이렇게 형성된 소비습관은 소득이 감소하게 되더라도 쉽게 줄이지 못한다는 사실이다. 상당 수준의 연봉을 받는 직장 생활을 하다가 어느 날 갑자기 해고, 해임 혹은 명예퇴직 등을 당하게 되었다고 생각해보라. 개인적으로 쓰던 유흥비야 어느 정도 줄일 수 있겠지만, 자녀 교육비와 지금 살고 있는 집에 대한 대출원금 및 이자를 비롯한 현재의 소비 습관을 쉽게 버릴 수 있겠는가? 사실 개인적으로 쓰던 유흥비도 줄이지 못할 가능성이 크다. 예전에는 일부 금액은 법인카드로 지출이 가능하였을 테지만 이제는 그마저도 불가능할 테니 말이다.

소비도 습관이듯이, 소비를 제한하는 것도 습관이다. 사회생활을 시작할 때부터 소득의 일부를 모으는 습관을 들이지 않으면, 소득이 증가하더라도 모으지 않게 되는 것이 일반적이다. 지금 소비를 제한하고 소득을 모으지 않으면, 나중은 너무 늦을 것이다.

여유 자금의 부작용

요새는 평상시에 현금을 보유하거나 사용하게 될 일이 별로 없어졌다. 나의 경우에는 발렛파킹을 하거나 약간의 팁을 줘야하는 경우, 자판기에서 음료를 뽑아먹는 경우, 골프장에서 캐디피를 정산해야 하거나 약간의 가벼운 내기를 하는 경우들 말고는 현금이 필요한 상황 자체가 많지 않다. 하지만 일단 이해를 돕기 위해 지금보다는 현금을 자주 사용하던 과거 시절을 생각해보자.

당시 나는 보통 내 지갑에 있는 현금 금액을 대략적으로 파악하고 있었다. 언제 어느 상황에 현금이 필요할지 모르고, 부족할 것 같으면 미리미리 인출을 해야 했기 때문이다. 얼마 안 되는 현금을 소지하고 다니는 지금도 마찬가지이긴 하지만, 나는 늘 지폐를 큰 금액부터 작은 금액 순으로, 신사임당이건 세종대왕이건 율곡 이이이건 퇴계 이황이건 간에 얼굴이 앞을 보게, 위아래가 뒤집어지지 않게 정리하여 소지하는 버릇이 있다. 누군가에게는 쓸데없는 강박으로 보일 수 있겠지만,

돈의 소중함과 그 가치를 언제나 잊지 않으려는 마음가짐이며, 내가 보유한 돈에 대해 일종의 예의를 차리는 것이기도 하다. 어쩌면 킥복싱이나 복싱에 출전하는 선수들이 손에 핸드 랩Hand Wraps을 감으면서 마음을 다지는 것과 같은 느낌일 수 있겠다.

여하튼 신용카드보다 현금을 사용하는 경우가 더 많았던 그리 멀지 않은 과거에는, 지갑에 현금이 많이 들어있는 날의 지출이 분명히 커지는 것을 느낄 수 있었다. 즉, 20만 원의 현금이 지갑에 있는 날과 3만 원의 현금이 있는 날의 지출금액은 분명히 차이가 나는 경향이 있었다.

한 단계 더 나아가 보자.

월급계좌로 활용하는 입출금 계좌에 2,000만 원이 있는 경우와 30만 원이 있는 경우, 씀씀이의 차이가 발생할까? 돈이라는 게 그렇다. 나의 계좌가 넉넉한 상태이고 그 사실을 인지(認知)하고 있다면, 일단 마음 속 깊이 따뜻함과 여유로움이 느껴질 수도 있다. 뭔가 평소보다 더 자신감이 생기고, 우쭐하는 마음이 생긴다고나 할까? 친구들과의 모임에서 오랜만에 한턱내고 싶을 수도 있고, 자주 가는 고깃집이나 일식집에서 기분 좋게 팁을 두둑하게 줄 수도 있을 것이다. 마찬가지로 한 달을 구분하여 월급이 입금된 지 얼마 안된 날과 월급이 들어오기 며칠 전의 지출을 비교해 봐도 차이가 나기도 한다. 이는 현금 지출만이 아니라 신용카드를 이용한 지출에도 해당한다.

약간의 현금을 비상용으로 지니고 다니면서 가끔 사용한다면, 가진 현금을 소진하고 나서 재인출할 때마다 일정한 금액으로 인출하는 것이 관리에 도움이 될 것이다. 반드시 필요한 경우가 아니면 신용카드와 같이 자신의 거래 내역이 기록되는 방법을 이용하는 것이 분석에 유리하다. 현금 지출은 일일이 기록하거나 기억하지 못하면 나중에 돌이켜 볼 때 어디에 어떻게 사용했는지 모르기에, 자신의 소비 성향을 분석하거나 향후의 지출을 예상하기가 곤란할 수 있다. 또한 주사용계좌에서 신용카드 등의 지출이 아닌, 세금 납부 내역이나 관리비를 입금 처리하는 경우 등 따로 기록에 남지 않는 인출 내역들을 별도로 파악해 놓으면 현금 유출에 대한 예상, 그리고 지출 관리에 도움이 될 것이다.

자신의 경험을 떠올려 보면 앞서 언급한 내용들에 대해 어느 정도 공감할 수 있을 것이다.

현금을 소지하지 않은데다 잔고가 달랑달랑한 사람은 분명 현금을 다발로 들고 있거나 계좌 잔고가 충분할 때보다 지출이 적을 것이다. 이는 개인이 보유한 순자산의 규모와는 별개다. 돈이 있는데 쓰지 않으면서 지출을 줄이는 것보다는, 돈이 없어서 쓰지 못해서 지출을 줄이게 되는 것이 당연히 더 수월하다. 게다가 이는 약간의 무의식에도 영향을 미치기에 지출이 줄어드는 만큼 소비를 못하는 자신이 비참하다고 느끼지 않을 수도 있다.

지갑에 현금이 두둑하면 아무리 이성적으로 소비하려고 해도 더 많이 지출하려는 경향이 생길 수 있기에 항상 적정 금액만 보유하고, 귀찮더라도 소지하는 금액을 줄이고 더 자주 인출하면 소비 폭주를 막을 수 있다. 조금 더 나아가서 월급이 입금되는 입출금계좌 잔고를 약간의 비상금을 제외하고는 달랑달랑하게 만든다면, 소비 성향을 더 억제할 수 있을 것이다. 「저축의 습관화」에서도 잠시 언급하였지만, 매월 계좌에 월급이 들어오자마자 정기적금으로 돈이 빠지게 만들어 버린다면, 그리고 정기적금을 절대로 중간에 깨지 않겠다는 굳은 다짐만 한다면, 계좌를 빠듯하게 유지할 수 있다. 거듭 말하지만 여기서 정기적금은 투자 대상이라기보다는 소비를 감소시키기 위해 스스로 강제적인 조치를 하는 도구이자, 어느 정도의 종잣돈을 모아 적절한 투자를 실행하기 전까지 잠시 보관해 놓는 일종의 금고라고 보는 편이 나을 것이다. 물론 소정의 이자도 받을 수 있다.

소지한 현금의 적절한 관리와 일상적인 월 지출에 비해 간당간당한 입출금 계좌, 이 두 가지 모두 무의식적인 소비 억제에 도움이 된다. 하지만 훨씬 더 강력한 도구가 될 수 있는 건 큰 규모의 대출을 유지하는 것이다.

「할부와 일시불」에서도 잠시 이야기했지만, 소비를 위한 대출은 바람직하지 않다. 그러나 투자안 자체가 충분히 안전하다는 가정 하에 이뤄지는 투자를 위한 대출은 레버리지Leverage를 통해 수익률을 올릴 수 있는 투자기법이 되기도 한다. 또한 보유한 현금만 가지고는 투자할 수 없는 더 큰 투자건도 접근 가능하게 해준다.

앞서 「저축의 습관화」에서도, 신입 사원이던 시절 월 100만 원씩 저축했던 금액이 나중에 오피스텔을 매입하는 초기 자금이 되었다고 했다. 자잘한 주식투자 등을 제외하면 나에게는 첫 목돈 투자였다. 2004년 당시에는 서울 강남구 역삼동의 15평 남짓 오피스텔들이 보통 분양가 평당 1,000만 원 언저리였고, 매매가격은 1억 원대 초중반 정도에 가격이 형성되어 있었다. 오피스텔 담보로 대출을 받고, 이미 월세가 나가 있는 상태였으니 보증금 1,000만 원은 매매가격에서 차감하고, 나머지를 모아놓은 돈으로 매입했었다. 첫 오피스텔을 1.1억 원에 매입했었고, 월세가 70만 원이 넘었었으니 수익률도 매우 양호하였다. 오피스텔 가격은 크게 오르지 않을 것 같았지만, 그렇다고 하락할 것 같지는 않았다. 어느 정도의 현금을 보유하고 있다면, 급매로 나오는 오피스텔을 좀 더 싸게 은행 대출을 껴서 투자할 수 있었고, 그 수익률이 은행이자율보다는 높았으니 당시로는 매우 안정적인 투자였다.

하지만 마음속에 불안감은 있었다. 당시의 나로서는 '내가 너무 큰 부채를 지게 된 건 아닐까?', '혹시라도 임차인이 나가게 되어서 월세는 안 들어오고 관리비만 계속 내야 하는 경우도 생길 수 있는데?', '금리가 크게 움직여서 이 대출을 다 갚기 전에 이자비용이 크게 증가하는 건 아닐까?' 등등 아직 일어나지도 않았고, 그다지 일어날 가능성도 없는 일까지 걱정하기 시작했다.

지금 생각해보면 아주 큰돈은 아니었지만 그 대출금액이 늘 마음 한 켠에 자리 잡고 있었고, 투자를 지속하면 할수록 마음속의 부담은 그 금액과 비례하여 늘어갔다.

그때의 나는 보유한 오피스텔에서의 수익을 전액 이자 및 원금, 세금을 지불하는데 사용하면서 어떻게든 부채를 줄여 내 마음의 부담을 줄이려 하였다.

'핸드폰이 구형이고 액정에 스크래치도 많은데 하나 새로 구입할까? 아니지, 내가 갚아야 할 빚이 수천 만 원인데 여기에 굳이 돈을 쓰는 게 맞나? 급한 건 없으니 내년에 교체하자', '친구들과 오랜만에 저녁을 먹기로 했는데 분위기 좋은데 가서 한턱 사 볼까? 아니지, 빚을 갚는 게 우선이니 쓸데없는 지출은 최대한 줄이자. 그냥 평소 즐기던 곳으로 가서 먹자.' 등 누가 강요하거나 굳은 심지를 갖고 있지 않더라도 자연스럽게 지출이 줄어드는 효과가 있었다. 게다가 빚의 무게 때문에 지갑에 현금이 좀 있더라도, 계좌에 여유자금이 있더라도 소비가 억제되었다.

투자하는 동안에는 크게 깨닫지 못했었지만, 지금 돌이켜 생각해보면 참 좋은 전략이었던 것 같다. 감수하는 위험에 비해 투자로 얻은 수익도 상당했고, 대출로 레버리지Leverage를 일으켰기에 실제 투자한 금액에 비해 수익률은 상승했다. 대출에 대한 부담으로 지출도 감소하였으니 지출 감소로 인한 순자산 증가 효과 또한 상당했다.

아직 넉넉한 상황이 아니라면, 자신이 넉넉하다고 착각할 만한 상황은 만들지 않는 게 바람직하다.

은퇴 시점의 지연

목표하는 은퇴 시점까지 노동선택권이 확보되지 못할 것으로 예상되고, 은퇴 이후의 가까운 미래나 노후에 대한 준비가 아직 되어 있지 않다면, 충분한 준비가 될 때까지 현재 종사하는 업무를 지속해야 한다. 어쩔 수 없는 일이지만 목표로 하는 은퇴 시점을 늦춘다면, 그 시점 기준으로서의 예상지출금액은 감소할 테고, 그때까지의 근로소득과 추가소득으로 예상수입금액을 늘릴 수 있다.

주변의 많은 지인들이 이와 같은 처지에 놓여있기에 아주 익숙한 그림이다. 금융시장에 발을 담그고 있던 대부분의 지인들은, 사실 우리가 있는 산업 밖에서는 지금 누리고 있는 만큼의 소득이 생길 리 만무하다. 따라서 부업을 통한 수입이나 충분한 수익성 자산이 형성되어 있지 않은 대부분의 지인들은 현재 다니는 회사에서 벗어나지 못하고, 혹시라도 정리해고나 명예퇴직을 하게 되면 비슷한 또 다른 회사에서 계속 근무를 해야 하는 처지이다.

강한 자가 살아남는 게 아니라 살아남는 자가 강한 것이라고 했다. 어떻게 해서든 오래 버텨야 하는 처지들이고, 이미 직급이 높아져서 몸값이 오를 대로 오른 상태라서 경쟁사로 옮기기도 쉽지 않다. 당장 소비 습관을 고치기도 어렵기에 지금 다니고 있는 회사에서 해고나 해임을 당하지 않는 이상 계속 다닐 것이며, 해고나 해임을 당하는 경우에는 부랴부랴 비슷한 다른 자리를 알아봐야만 한다.

2010년에 시장을 떠나 미국에 MBA를 갔다가 2012년에 다른 회사 입사를 통해 시장에 복귀하고 보니, 친하게 지냈던 60년대 후반, 70년대 초반생 형님들 중에서 일부만 다니던 회사를 그대로 다니고 있었다. 전반적으로는 조금 더 작은 회사에 있었으며, 소수는 시장에서 사라지고 없었다.

미처 준비가 되지 않아서 어쩔 수 없이 은퇴 시점을 지연해야 하는 상황이라면 「소득」에서 언급했던 영화 〈블레이드 3〉의 혈액 공장에 있는 사람들과 비슷한 처지일 수밖에 없는 것이다. 이 상황은 꽤나 우울하다.

완전한 준비가 이루어지지는 않았더라도, 노동선택권 확보에 상당히 가까워져 있는 상황이라면 대안이 있을 수 있다. 「선택할 수 있는 권리」에서 언급하였다시피, 평소 자신이 원하거나 해보고 싶었던 업무로 전직을 하는 방법도 있다. 경력을 제대로 인정받을 수 없을 테니 현재 종사하고 있는 업무보다는 소득이 낮겠지만, 그리고 그 의사 결정을 하기 이전에 노동선택권을 기준으로 한 재무상태표를 기반으로 충분히 고민하고 계획해야 하겠지만, 적어도 그 업무에 종사하는 기간 동안 은퇴 시점을 지연시킴으로써 예상지출금액을 감소시키고, 예상수입금액은 증가시키면서 자아 추구가 가능하다.

3

자산을 불리는 방법을 찾아라

근로소득

노동선택권이 확보되지 않은 상태에서 증여받은 재산이 있거나 규모가 큰 별도의 부업을 운영하고 있지 않다면, 현재 수입의 대부분은 근로소득이 차지하고 있을 것이다. 근로소득의 크기는 자산 형성 속도에 영향을 미치고, 나아가서는 은퇴 시점을 앞당길 수 있는지 여부에도 영향을 미친다.

국민연금이 아닌 공적연금(공무원연금, 사학연금, 군인연금 등)을 받을 수 있는 근무자이거나, 공기업에 근무하고 있는 경우, 혹은 평생직장이라고 생각하는 기업에 다니고 있다면, 현재, 그리고 앞으로 근무하게 될 곳에서 근로소득을 크게 증가시킬 수 있는 방법은 많지 않다. 이와 같은 경우는 아마도 정년까지의 근로소득 계산이 꽤 용이하고, 심지어 대부분 오차도 크지 않다.

이직을 고려하고 있거나 고려할 생각이 있다면, 고민해 볼 만하다. 자신이 근무하는 직종과 관심 있는 산업에 따라 상황이 천차만별이라

일반론적인 조언은 도움이 되기 어렵겠지만, 자신의 직접적인 경험과 주변 사람들로부터 얻은 간접 경험에 비추어 보면 판단에 도움이 될 부분이 있을 것이다.

십수 년이 지난 꽤 오래전 이야기다. 나의 친구 중 하나인 D씨는 대학을 졸업하고 국내 굴지의 자동차 그룹에 공채로 입사했었다. 그 그룹은 자동차 브랜드에 따라 크게 두 개의 회사로 나뉘어졌는데, 공채는 같이 진행했었다. D씨는 그 두 개 기업 중 더 큰 기업으로 배치되기를 희망하였지만, 안타깝게도 다른 기업으로 배치 받았고, 들은 바에 의하면 한번 배치되고 나면 부서 간의 이동은 가능하지만 법인 간의 이동은 거의 불가능하다고 했다. 원하는 그룹에는 취직하였지만 원하는 기업으로 배치받지 못한 그 친구는 결국 1년 남짓 근무하고 퇴사하였고, 항공 물류가 유망하다고 판단하여 해당 부문으로 다시 취업을 준비하였다. 90년대 후반, 2000년대 초반에만 해도 물류 혁신에 대한 사례 연구가 활발했었고, 이를 통해 기업이 비용을 감축하여 경쟁력을 확보했기에 꽤 유망한 분야로 보였다. 그중에서도 항공 물류는 특히 더 전문성이 있어 보였다.

결국 D씨는 당시 국적 항공사 중 한 곳의 항공 물류 관련 업무로 취업을 하였다. 하지만 물류 혁신의 선두주자로서의 역할을 하기보다는 송장 처리, 물류관리 등의 업무를 하면서 충분하지 못한 급여를 받았고, 결국 수년 후에 MBA에 진학하여 지금은 새로운 산업에 몸담고 있다.

항공사에도 항공 물류는 매우 중요한 사업 분야이고, 매출과 순익에 상당한 기여를 하는 부문인데도 D씨는 왜 경쟁력 있는 급여를 받지 못했을까, 생각해 본 적이 있었다. 나의 결론은 노동유연성이었다.

저가항공사를 제외하면 우리나라의 항공사는 두 군데 밖에 없었는데 그 두 항공사는 상호 경쟁 관계에 있었고, 타사 출신의 직원을 채용하지 않으려 하는 경향이 있었다. 또한 물류라는 분야 자체가 기업마다 특수성이 있을 수밖에 없기에, 한 항공사에서 근무하던 직원이 다른 항공사로 이직하여 적응하는데는 시간이 걸릴 수밖에 없었다. 이로 인해 해당 기업들도 굳이 타사에서 인재를 영입하지 않는 듯했다.

결국 그 사람의 업무가 얼마나 가치가 있든지, 그 업무에서 얼마나 뛰어나든지 관계없이 능력을 인정받으며 타사로 전직하기 힘든 상황이라면, 이윤 극대화를 추구하는 기업들은 굳이 더 높은 연봉을 지불할 필요가 없다.

반면에 내가 근무하던 투자은행의 세일즈 업무는 고객군이 크게 다르지 않고, 하는 업무가 거의 같아서 실적 좋은 세일즈들은 쉽게 타사로 이직이 가능하다. 게다가 이직을 하고 나서 해당 기업의 시스템에 익숙해지는 시간은 1~2주면 충분하다. 거래하는 상품별로 나뉘어져 있는 트레이더들과 새로운 관계를 형성해야 하긴 하지만, 서로 돈을 벌려고 근무하고 있는 상호 의존적인 관계라서 길어야 1~2달이면 이전 회사에서 일하듯이 근무할 수 있다. 따라서 실력이 좋은 세일즈들이 타사로 이직하는 걸 막기 위해서는 투자은행들이 충분한 보상을 해줘야 하는 상황이며, 세일즈들도 좀더 높은 연봉을 준다는 회사를 찾아 이직하는 것이 일반적이다. 하지만 반대로 실적이 좋지 않거나 업황이 좋지 않으면 쉽게 정리되기도 하였다. 특히 서로를 선수라고 부르는 경우가 잦았는데, 프로구단의 선수들과 크게 다를 바가 없기 때문이었다. 다니는 회사에 충성을 해야 할 필요도 없었고, 다니는 회사에 크게 무언가를 바라지도 않았다.

즉 이직을 생각하고 있고 그 이직을 통해 근로소득의 큰 증가를 시도하려면, 경쟁 회사 간의 이직이 자유롭고 실력과 노력에 대한 보상이 확실한 산업으로 가는 것이 유리하다. 남들이 쉽게 할 수 없는 일을 하고 있다고 해도, 기업의 수익성에 지대한 영향을 미친다고 해도, 그 능력과 노력을 다른 곳에서 활용하기가 어렵다면, 당신을 고용하고 있는 기업에서 굳이 웃돈을 지불하려고 하지 않을 것이다.

겸직이 허용되는 기업에서 근무하고 있다면, 프리랜서로 투잡을 뛰는 것도 생각해 볼 수 있다. 요새는 기업 문화가 다양하게 변하는 추세라 본인이 맡은 업무를 수행하기 위해 충분한 시간을 투입하고 있다면, 제한적으로 겸직을 허용해주는 기업들이 많다. 또한 풀타임 직원이 아닌 파트타임 직원을 찾는 기업들도 많아서, 그들이 필요한 기술과 능력이 있다면 투잡 근무가 가능할 수 있다. 여가 시간은 줄어들겠지만 추가적인 소득을 얻을 수도 있고, 자신이 하고 싶었던 일이나 사업을 미리 경험할 수 있으니 검토해 볼 만하다.

사업소득

다들 공감하는 이야기겠지만, 월급만 받아가지고 부자가 될 가능성은 매우 희박하다. 보유자산으로부터의 수익으로 자산이 증가되는 부분도 분명 중요하지만, 좀더 위험을 감수하며 겸업으로 사업을 시작하는 것도 추가 수입을 획득하는 방법이다. 겸업으로 가능한 사업의 범위는 무궁무진하고, 세상이 변하는 만큼 기회도 많다. 하지만 그에 따른 위험이 있고, 고려할 부분도 상당하기에 철저한 시장조사, 사업구조와 수익비용에 대한 분석 등이 수반되어야 한다. 또한 사업을 구상하고 설립한 이후 초기 안정화 기간까지 많은 노력이 필요하다.

대부분의 직장인들이 쉽게 생각할 수 있는 부업은 요식업이라고 할 수 있다. 그들 자신이 소비자로서 다양한 식당, 카페, 바 곳곳을 섭렵하고 있어서 나름대로 의견도 있고 보는 안목도 어느 정도 있다고 생각한다. 그리고 가게 주인이 늘 붙어 있지도 않을 테니 손쉬운 사업이라고 생각하는 듯하다.

메뉴 개발이나 관리가 어려울 것 같으면 대형 프랜차이즈 업체의 가맹점이 될 수도 있고, 알음알음으로 알게 된 셰프Chef와 바텐더Bartender, 바리스타Barista 등에게 메뉴 개발 및 업장 컨셉을 맡길 수도 있다. 은퇴 이후에 치킨집이나 식당을 차리거나 회사를 다니는 동안 카페나 바를 열어 보고 싶다는 생각, 누구나 한 번쯤 해봤을 것이다.

누군가는 신촌 이대역 앞에 레드망고 매장을 열고, 누군가는 동부이촌동에 베이커리 카페를 열고, 누군가는 방배동 서래 마을에 브런치 카페를 열고, 또 누군가는 청담동에 여럿이 같이 투자해서 한우 소고기 집을 열고 있었을 때, 나도 그 요식업 창업 행렬에 동참했었다. 언젠가는 어떤 형태로든 요식업에 발을 들일 것 같았기에, 조금이라도 젊었을 때 경험해 보고 싶었다. 하지만 무엇보다도 수입을 얻기 위해 작은 식당을 시작했었다.

2007년 당시 신사동에서 꽤 잘 되고 있는 순대국밥집의 첫 번째 가맹점을 준비하였다. 같은 해 2월 즈음 지금의 신논현역[26] 뒤편 매우 외진 골목 안쪽의 2층 자리에 약 49평 정도의 공간을 임대하고, 3월 넷째 주에 순대국집 2호점을 열었다.

순대라는 것이 일종의 공산품에 가까워서 핵심 재료는 본사에서 공급받고, 부재료들은 본점에서 이미 거래하고 있는 업체 몇 군데와 동네 도매상을 통해 공급받았다. 오픈빨이라고 해야 하나? 오픈 초기에는

26 2007년 당시에는 신논현역이 아직 생기기 전이었다.

장사가 꽤 잘 되어서 점심 저녁 시간대 내내 직원들과 함께 땀 흘리며 일했고, 단골손님들이 생기기도 하는 등 괜찮은 시작이었다.

물론 '괜찮은' 시작이라고 해도 아주 큰돈이 벌리지는 않았다. 메뉴 자체가 저녁에 인기가 많은 음식은 아니라서 점심 장사가 주를 이루었는데, 대략적으로 점심에는 더 많은 손님이 오지만 손님당 매출인 객단가가 낮았다. 저녁은 점심 대비 $\frac{1}{3}$ 정도의 손님이 왔지만 술 손님이 대부분이니 객단가가 높아서 점심과 저녁이 비슷한 매출을 보였다. 하지만 우리 기업문화 특성상 점심시간이 대부분 일치하고, 신논현역 상권 자체가 점심에 줄을 서서 먹는 문화가 형성되어 있지 않다보니, 점심에 잘해야 한 바퀴가 돌았다. 점심 이후 저녁 준비 때까지는 파리 한 마리 얼씬하지 않았으니 공식적인 브레이크 타임이 없다 하더라도 2시부터 5시 반까지는 그냥 직원들 낮잠 자는 시간이었다. 좀더 강남역 쪽이나 번화한 골목은 근처 학원 등에서 지속적으로 고객이 유입되어 점심시간 이후에도 간간히 매출이 발생하였지만, 내 가게가 있던 교보빌딩 바로 뒤편 골목은 직장인들 점심시간이 끝나면 유동인구도 거의 없어지는 거리였다. 덕분에 월세가 다른 골목에 비해서 훨씬 저렴하긴 했지만, 24시간을 운영할 만큼 수요가 충분한 상권도 아니었다. 배달앱도 없었던 당시에는 평일 점심 장사 한 바퀴가 한계였고, 결국 식당의 크기가 물리적인 제약으로 작용할 수밖에 없었다. 더욱이 오픈한 지 두 달이 지나면서 날씨가 본격적으로 더워지기 시작하니 자연스레 순대국 수요가 줄어들었고, 콩국수 등 신메뉴를 도입하는 노력을 해 보았지만 여름 매출 감소폭을 상쇄하기에는 역부족이었다. 결국 직원들 월급도 벌리지 않을 것 같은 불안감에 다시 금융시장으로 복귀하여 부업으로 유지하였지만, 사장이 없는 식당 장사가 그리 잘될 리가 없었다.

매니저를 두고 여러 노력을 해 봐도 큰돈이 벌리기는커녕 벌리는 돈에서 매니저 월급을 떼 주고 나니 수년간 수중에 남는 돈이 없었다. 별로 남는 게 없다고 아예 신경을 쓰지 않아도 되는 게 아니다. 매달 꼬박꼬박 월세를 지급하고, 순대 공급업체, 석박지 업체, 돼지고기 업체, 도매업자에게 대금을 지불하고, 직원들 월급이며 각종 공과금 등을 챙기면서 매출이 떨어지면 또 고민이 생겼다. 여하튼 늘 항상 신경 써야 했는데, 그나마 식당의 직원과 매니저는 큰 문제를 일으키거나 잦은 변동이 없었기에 운이 좋았던 것 같다.

식당은 2010년에 완전히 정리했다. 나름의 작은 경험이었지만 깨달은 점들이 있다. 부업이나 겸업으로 사업소득을 추구한다면, 우선 시장 조사와 사업분석을 비롯한 철저한 준비가 필요하다. 요식업의 경우 상권에 대한 분석이 당연히 필요하고, 나아가 예상되는 수익에 대한 예측도 해야 한다. 수 억 원을 들여 가게를 오픈하는데 월 순수익이 100~200만 원에 불과하다면 시작할 만한 사업이 아니다.

또한 자신이 감당할 수 있는 규모의 사업을 시작해야 한다. 처음에는 작게 시작해서 사업이 안정화될 때까지 버틸 수 있어야 하고, 행여 실패했을 때의 타격도 제한해야 한다. 지나치게 큰 사업을 시작하여 본업에 영향을 미치고, 본업에서의 수익을 사업에 쏟아부을 수밖에 없게 된다면, 애초에 시작하지 않은 것보다 훨씬 더 안 좋은 결과를 보게 될 것이다.

무엇보다 동업을 주의하여야 한다. 아무리 친한 사이라도, 심지어 가족이라도 돈 앞에서는 상황을 예측할 수가 없다. 특히 친구나 가까운 지인과의 동업이라면 대개 문제가 생기게 마련이다. 처음에야 서로 무엇이든지 공유할 것처럼 기세 좋게 시작하더라도 시간이 지나면서 달라질 수 있다. 누군가는 더 많은 일을 하고 더 많은 신경을 쓰지만, 누군가는 프리라이더Free-Rider가 될 것이다. 더 많은 시간을 투입하는 사람은 불만이 생길 수밖에 없고, 특히 사업이 안 풀리기 시작하면 갈등이 심화될 것이다.

주변에서 친했던 사이까지 틀어지는 경우를 너무 자주 봐서 동업은 가급적 피하기를 권유한다. 꼭 해야 한다면 사업을 시작하기 전부터 가능한 모든 부분을 문서화하여 각자의 역할을 확실히 설정하고, 수익이나 손실 분배에 대한 기준을 최대한 미리 정해서 합의를 해놓아야 할 것이다. 하지만 아직 사업을 해본 적이 없는 사람들이라면, 그리고 심지어 사업을 해본 적이 있는 사람들이라 하더라도 어떻게 가능한 모든 상황에 미리 대비할 수 있겠는가? 예상했던 대로 사업이 흘러가지 않는 경우, 예상치 못하는 변수가 생겼을 경우 동업 형태로는 대처가 쉽지 않을 것이며 보통 끝은 좋지 않다.

당신이 처음에 예상했던 것보다 훨씬 더 많은 시간이 투입될 것이다. 믿을 만한 관리자를 찾기도 쉽지 않겠지만, 사업주로서 신경 써야 할 일이 매우 많아질 것이다. 비용을 지출하고 손해를 감수해야 하는 사업주의 입장을 100% 대변해 줄 수 있는 철저한 주인 의식을 가진 관리자는 찾을 수 없다고 봐야 한다. 가게에 사장이 없으면 돌아가지 않는다는 말처럼 사업주만큼 사업을 챙길 수 있는 사람은 없으며, 관리자가 꽤 큰 부분을 맡아준다고 해도 분명히 사업주로서 주요한 의사 결정을 하고 방향을 수립해야 한다. 심지어 무인 상점조차도 꽤 많은 시간이 투입되어야 한다. 무인 가게는 소비자 입장에서 직원이 없으니 무인 상점이지, 노동이 아예 투입되지 않아서 무인 가게인 것은 아니다. 상주하지 않더라도 관리하는 직원이 필요하며, 직원이 필요하지 않다면 적어도 점주의 노동이 어느 정도 투입될 수밖에 없다.

정말 변수가 많다. 사업을 시작해 보면, 상상할 수 있는 모든 것들이 변수가 될 수 있다고 봐도 과장이 아니다. 직원들이 잦은 이직을 하여 매번 인력 채용에 골머리를 앓기도 하고, 매니저가 배임이나 횡령을 하는 경우도 매우 빈번하게 일어난다. 장마철에 건물에 물이 새서 영업을 못하는 경우 등 내부적인 변수들도 셀 수 없겠지만, 코로나로 인한 방역, 전반적인 트렌드의 변화로 인한 수요 변화, 근처 경쟁업체의 진입, 전반적인 내수경기 둔화 등 거시경제적 변수들은 예측하기도 힘들고 미리 대비하는 것도 불가능하다.

따라서 거듭 말하지만 생각하는 것보다 더 많은 분석과 검토와 준비가 필요하며, 수없이 많은 변수들에 대한 대비 및 대처 능력이 필요하다. 아무리 작은 사업이라고 해도 마찬가지다.

안정적인 수입원으로 작용할 수 있는 사업소득을 확보할 수 있다면, 예상수입금액에 지속적인 영향을 미치게 될 수 있기 때문에 적극적으로 고려해 보기를 추천한다. 사업 성과가 좋고 미래가 밝다면 부업과 겸업이 본업이 될 수도 있고, 애초에 부업이나 겸업으로 운영하였던 사업이라면 본업이 되었다 하더라도 주 5일 근무를 할 필요가 없을 것이다. 또한, 감당할 만한 규모의 사업을 시작하여 작은 실패를 해 보는 것도 큰 경험이 될 것이다. 적어도 같은 실수를 다시는 하지 않을 테고, 그 경험으로 얻게 되는 것들도 많다.

보유자산의 수익으로 인한 증식

사업소득의 창출도 시도해 볼 만하고 고려해 봐야겠지만, 보유자산의 수익으로 인한 자산 증식은 필수적이라 할 수 있다. 근로소득만 가지고는 노동선택권을 확보하기가 어렵기에, 최대한 근로소득의 일부를 모아 목돈을 만들어서 투자활동을 지속하고 재투자하여 자산을 계속 늘려 나가야 한다.

근로소득을 증대시키거나 기존의 근로소득을 기반으로 소비를 제한하여 약간의 자금을 축적하였다면, 적절한 투자대상을 찾기 전까지 안전한 정기예금이나 MMF Money Market Fund 등의 단기상품에 차곡차곡 쌓아 놓는다. 정기예금은 중도해지를 하더라도 이자금액의 일부만 포기하면 되므로, 적절한 투자대상을 찾게 되면 즉각 현금화 시킬 수 있다.

보유자산의 수익으로 자산을 증식시키기 위해서는 무엇보다도 충분한 수익률 확보가 중요하다. 수익률 차이가 크지 않더라도 오랜 기간 복리(複利)Compound interest가 적용되면 자산 증가폭의 차이가 상당하다.

투자할 대상은 차고 넘친다. 주식에 투자하여 시세차익을 노려볼 수도 있고, 채권에 투자하여 은행금리보다 높은 이자수익을 얻을 수도 있다. 전통적으로 많이 투자하던 자산으로는 부동산투자가 있는데, 주거용부동산과 상업용부동산도 투자의 대상이 될 수 있다. 자산운용사가 운용하는 펀드도 고려해 볼 수 있으며, 투자금액이 상당하다면 사모펀드나 헤지펀드가 운용하는 펀드도 가능하다. 금융상품은 갈수록 다양화되어서 주가연계증권ELS, Equity Linked Securities이나 파생결합증권DLS, Derivatives Linked Securities, ETFExchange Traded Fund 등 다양한 형태로 발전되고 있고, 투자자의 위험회피성향과 목표수익률 등에 맞춰서 자기 목적에 딱 맞는 자산의 구성이 가능하다. 금융상품들뿐만 아니라 가상화폐와 P2P대출 등 투자의 대상은 광범위하다. 적절한 분석을 통해 합리적인 판단을 한다면, 은행금리보다 높은 수익을 꽤 안전하게 추구할 수 있다.

하지만 당연히 예기치 못한 상황이 발생하여 큰 손실을 입게 되는 경우도 있을 수 있으니, 늘 시장 상황을 모니터링하고, 투자대상상품들에 대한 연구를 해야한다. 만약 투자가 잘못되었다는 판단이 들었다면, 과감하게 손절하는 결단력도 필요하다.

투자자산의 수익성과 위험 관리, 투자 대상 등에 대해서는 「자산의 수익성을 높여라」에서 좀더 세부적이고 깊은 생각을 이야기해 보려 한다.

4

자산의 수익성을 높여라

무수익자산

무수익자산(無收益資産)Non-Income Producing Assets이라는 개념이 있다. 표현 그대로 보유한 사람이나 기업에게 수익을 발생시킬 수 없는 자산이나 권리를 의미한다. 금융회사의 무수익여신(無收益與信)Non Performing Loan이 대표적인 예이다. 금융회사가 기업이나 개인 등을 상대로 빌려준 대출금액 중 특정 기간 이상의 연체가 발생하거나 차입자의 부도 등으로 인해 수익이 발생하고 있지 않은 대출금을 무수익여신이라고 한다.

2000년대 초반이었나, 병역을 마치고 아직 대학생이던 시절 이런저런 사업 아이템들을 구상해 보고 친구들과 이야기하는 걸 한참 즐기고 있을 때였다. 그러던 어느 날 갑자기 한 친구한테서 전화가 왔다. 최근에 읽은 책이 있는데 그 책의 내용이 평상시 나의 생각과 너무 비슷하기에 책을 읽다가 내 생각이 나서 전화를 했다는 것이다.

그리고 말을 덧붙이면서 자신에게는 그 책의 내용이 매우 괜찮은데, 저자의 관점과 나의 생각이 거의 일치하니 나는 읽어볼 필요도 없다고 했다. 궁금해진 나는 책 읽는 걸 어려워했음에도 불구하고 결국 그 책 『부자 아빠 가난한 아빠[27]』를 사서 읽어 보았다.

책에서는 우리가 살고 있는 집과 타고 다니는 차량 등을 자산이 아닌 부채로 분류하였다. 이는 보유하고 있음으로 인해서 수익이 발생하는 것을 자산, 비용이 발생하는 것은 부채로 구분하였기 때문이다. 일부 공감하기도 하였고, 또 독자들에게 더 강하게 인식시키기 위한 것으로 이해하긴 했으나, 부채로 분류하는 건 동의하기 힘들다.

대부분의 자산은 보유하기 위한 비용이 발생할 수 있다. 기업이 판매하려는 상품은 보관비용과 관리비용이 들 수 있고, 보유하고 있는 공장이나 관련된 토지, 사옥 등 대부분의 자산은 보유하기 위한 비용이 발생한다. 현금을 비롯한 금융상품들은 비용이 발생하지 않는다고 느껴지겠지만, 관리하는 직원이나 투자의사결정을 하는 직원들에 대한 인건비가 지출되기에 사실 비용이 발생한다. 따라서 비용이 발생한다는 사실만으로 해당 자산을 부채로 분류하는 건 무리가 있어 보인다.

하지만 자산임에도 불구하고 수익을 발생시킬 수 없다면 무수익자산으로 분류하여야 할 것이고, 자산을 구입하는데 들어간 금액 대부분이 회수되지 않을 경우에는 해당 구매비용은 사실상 지출이라고 봐야

---

27 『부자 아빠 가난한 아빠(Rich Dad Poor Dad)』, 로버트 기요사키(Robert T. Kiyosaki)와 샤론 렉터(Sharon Lechter), 1997.

한다. 예를 들어, 렌터카 업체가 임대수익을 얻기 위해 보유한 차량들은 수익을 창출하기 위하여 보유한 것이므로 자산으로 보는 게 마땅하다. 하지만 개인적인 이동수단으로서 고급차량을 구매하여 일정 기간을 타고 다니다가 중고차로 매도한다면, 차량구매금액은 시간에 걸쳐 중고차 매도금액까지 감소할 것이기에 그 금액의 차이만큼이 해당 기간 동안의 지출금액이라고 판단하여야 한다. 물론, 자동차세, 연료비, 보험료 등의 추가적인 지출도 발생한다. 따라서 본인 또는 가족이 이용하기 위해 구입하는 자동차는 「명품의 심리」에서 언급하였던 샤테크와 마찬가지로 소비지출이다.

반면에 개인 또는 가족이 거주하기 위한 목적으로 주택을 구입하면 소비지출로 볼 수 없다. 가계수지항목분류에서 자산변동 지출로 분류되듯이, 거주 목적의 주택은 비록 보유하고 있는 동안은 수익을 창출하지 못해도, 매각을 통해 현금화가 가능하다. 매각시점의 부동산경기에 따라 금액이 다를 수 있지만, 보유기간이 길었던 주택의 경우에는 일반적으로 구입할 때 가격보다 높은 가격에 매각할 수 있다. 그렇기에 우리나라 사람들에게는 차량구매를 위해 지불한 금액이 결국에는 소비지출이라는 사실은 어렵지 않게 이해하지만, 구입한 주택이 무수익자산이라는 점은 쉽게 동의하지 못하는 경우가 많다.

그 이유의 일부는 주택가격의 지난 추이에 있다. 다음의 **전국 및 서울 아파트매매가격지수** 차트는 2011년 6월의 지수를 100으로 보았을 때 1986년 1월부터 2012년 12월까지의 전국 및 서울 아파트 매매가격지수를 나타내는데, 약 26년간 4배 가까이 상승하였다. 1997년~1998년 아시아 금융위기 때를 제외하고는 지속적으로 꾸준히 상승해 왔음을 볼 수 있다.

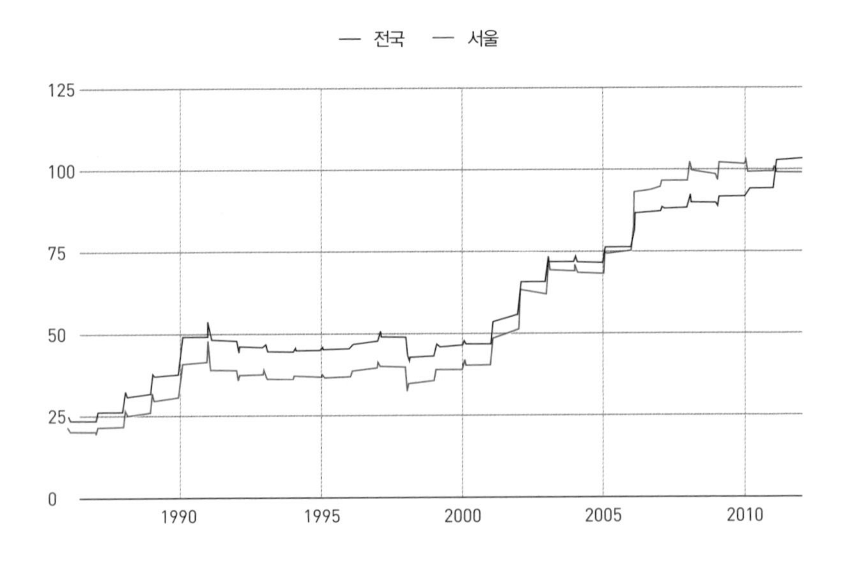

전국 및 서울 아파트 매매가격지수 −2011년 6월을 100으로 기준
(1986년 1월~2012년 12월, 전국주택가격동향조사, 한국부동산원)

2003년부터 2023년 5월까지의 매매가격지수도 별반 다르지 않다. 금융위기나 경제위기 같은 큰 규모의 거시경제적 충격이 있는 경우, 단기적 혹은 중기적으로 가격이 하락하는 경우가 있기는 했었지만, 결국 오랜 시간에 걸쳐서는 장기적으로 상승하였기에 부동산 불패에 대한 믿음이 강하다.

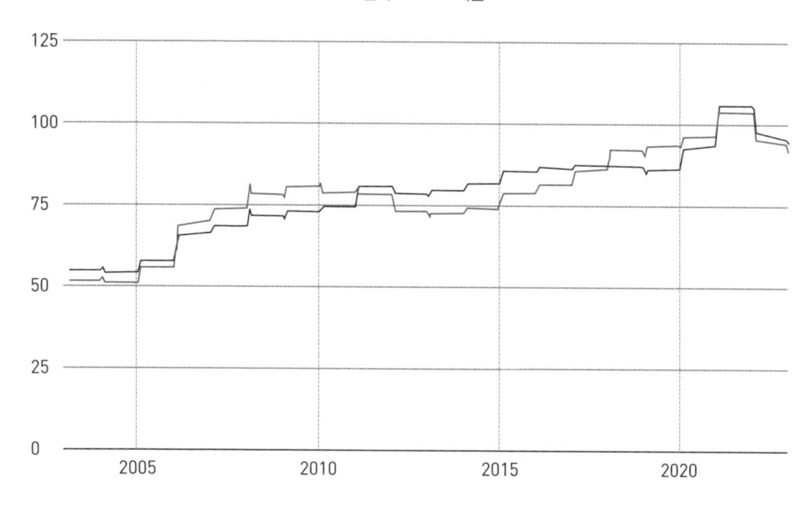

전국 및 서울 아파트 매매가격지수 –2021년 6월을 100으로 기준
(2003년 11월~2023년 5월, 전국주택가격동향조사, 한국부동산원)

또한 심리적인 이유도 있다. 미국이나 캐나다 등의 국민들에 비해서 한국, 일본, 중국 등의 국민들은 주택 소유에 대한 집착이 매우 강하다. 2007년~2008년 미국의 서브프라임 사태 당시 한국의 투자자들이 도무지 이해할 수 없었던 부분 중 하나가, 미국 국민들은 자동차할부금이나 신용카드 결제액이 주택담보대출의 이자나 원금보다 우선한다는 점이었다. 모두가 그렇지는 않겠지만, 우리는 우리가 살고 있는 주택담보대출의 원리금 상환이 타고 다니는 차량 담보의 대출상환이나 신용카드 연체금액보다 우선하지 않았을까? 우리 같으면 살고 있는 집을 지키기 위해 소비를 줄이고 차량을 처분하는 사람이 많았을 텐데, 미국인들은 타고 다니는 차량과 신용카드 연체금이 주택담보대출에 비해

우선하는 모습을 보였었다.

주택 소유에 대한 국민 성향은 각자 다를 수 있지만, 주변을 살펴보면 집을 가져야 한다는 일종의 강박 또는 맹신 때문에 비합리적인 판단을 하는 경우를 자주 본다. 「재산」에서 언급하였던 A씨처럼 수십억 원 상당의 주택을 보유했지만, 정작 당장 소비할 돈은 없는 경우를 주변에서 흔히 접할 수 있다.

보유한 순자산의 상당 부분을 주택이라는 자산에 묶어놓고, 보유기간 내내 수익은커녕 재산세 등의 비용만 발생한다면 효율적인 자산관리라고 볼 수가 없다. 그럼에도 불구하고 대부분의 사람들은 직장생활을 십수 년 하고서도 소유한 아파트 한 채 없다는 사실을 부끄럽게 생각하며, 월세나 전세를 사는 사람들의 주거 문화에 대해 '셋방살이, '사글세' 등의 비하적인 표현을 하기도 한다. 2010년부터 미국에서, 홍콩에서, 그리고 서울에서도 월세로 생활하고 있는 나로서는 이해하기 힘들다.

이렇게 생각해 보면 어떨까? 거주 목적의 주택과 소유 목적의 주택을 분리하는 것이다. 주택을 소유하는 목적이 시간에 걸쳐 상승하는 부동산 가격의 변동분을 포기하지 않기 위한 투자 목적이 포함되어 있다면, 굳이 내가 살 집을 매입해야 하는 것은 아니다. 삼성전자의 주식을 사기 위해 삼성전자에 근무해야 하거나 삼성전자의 제품을 사용해야 하는 것은 아닌 것과 같은 논리이다. 시세차익이 목적이라면, 가장 가격이 상승할 지역에서 가장 인기 많은 평형대의 주택을 매입하여 세를 주는 반면, 자신은 자신의 삶에 있어서 효용가치가 높은 지역에 거주하면 된다.

예를 들어 강남의 똘똘한 한 채가 가격상승가능성이 가장 높다고 판단된다면, 가용한 자금과 대출로 매입할 수 있는 가장 인기 많은 평형대의 아파트를 매입하여 세를 주고, 자신은 자신이 원하는 동네에 원하는 크기의 집을 임차하는 것이다.

나의 경우에는 아이가 셋인지라 방이 4개 이상인 집이 필요하다. 그런데 신축아파트는 방 4개 이상인 집도 많지 않지만, 보통 작은 방이 3개거나 큰 방이 3개다. 또 큰 방이 4개 이상인 구조는 있어도 작은 방이 4개 이상인 구조는 거의 없어서 다둥이 가족에게 매우 불리한 환경이다.

쉽게 말하면, 20평형대에 방 3개인 구조도 있고 30평형대에 방 3개인 구조도 있지만, 30~40평형대에 방이 4~5개인 구조는 거의 없다. 50평형대에도 방이 5개가 넘어가는 집은 거의 없으니 60~70평 이상은 되어야 겨우 방 5개 이상의 집을 구할 수 있을 터인데, 그런 집은 구하기도 쉽지 않지만 거주비용 부담이 너무 크다.

하지만 시야를 조금만 넓히면 30평~40평대의 신축아파트와 비슷한 가격대의 꽤 괜찮은 60평~70평대의 빌라가 눈에 들어올 것이다. 세대수가 적은 빌라들은 매매가 활발하지 못하여 환금성이 현저히 떨어지기에 단지가 큰 아파트보다 한참 낮은 가격에 매입할 수 있다. 하지만 말 그대로 환금성이 떨어지니 매각하고 싶을 때 매각하기가 쉽지 않고, 급하다면 가격을 많이 낮춰서 매각을 해야 하며, 대단지아파트들에 비해서 가격상승에 대한 전망도 밝지 않다.

투자를 위해서는 가장 가치가 상승할 아파트를 매입하고, 거주를 위해서는 넓은 평형대의 빌라에 거주하여 소유목적의 주택과 거주목적의 주택을 확실하게 분리하는 것이 투자가치와 삶의 질 둘 다 챙길 수 있는 방법 아닐까?

여기까지의 생각에 일부 동의가 된다면, 한 단계 더 나아가서 생각해 보자. 거주목적의 주택은 굳이 구입하지 않고 월세나 전세를 이용해서 임차를 하여 생활하면서, 투자목적의 주택은 가장 가격이 상승할 지역에서 가장 선호하는 평형으로, 혹은 현재 가능한 투자자금의 범위에서 투자한다면? '투자목적의 주택'은 온전히 투자가 목적이므로, 더이상 투자 가능한 주택들에 대한 선택지 안에서 비교되어야 하는 것이 아니라, 자신이 투자가능한 모든 대상과 비교되어야 한다. 자세히 말하면 예금, 주식, 채권 등의 각종 금융상품들 뿐만 아니라, 수익형 상가, 꼬마빌딩, 가상화폐 등 수많은 투자대상들과 비교대상이 된다. 매입과 매도를 할 때 지출해야 하는 중개수수료, 취득과정에서 발생되는 취득세, 보유기간 동안 발생하는 재산세와 종합부동산세, 매각 차익에 부과되는 양도 소득세 등의 모든 비용들, 정권이 바뀔 때마다 시도 때도 없이 시행되는 각종 부동산 정책들, 여기에 더해 인구감소로 인한 주택수요의 장기적인 감소와 같은 거시경제적 요인 등을 고려하더라도 다른 투자안들에 비해 경쟁력 있는 투자대상인지 판단해 봐야 한다.

거주를 위한 주택은 가장 비싼 자산 중 하나다. 매각할 때의 시세차익 말고는 수익이 발생하지 않는 무수익자산이며, 거주가 목적이기에 매각시점에 대한 판단이나 예상도 어렵다. 전체 자산의 상당한 부분을 차지하는 자산이 보유하는 동안 수익이 발생하지 않는 무수익자산이라면, 전체 자산의 수익성이 저조할 수밖에 없거나 나머지 자산으로 지나치게 위험을 감수해야만 한다.

무위험자산과 위험자산

무위험자산(無危險資產)Risk Free Assets은 미래의 현금흐름이 확정적인, 현재 시점에서 미래의 수익률이 확실한 안전자산이다. 다시 말해서 예상되는 현금흐름에 대한 변수가 없다는 의미이다. 재무관리라는 분야가 미국에서 발전해왔고, 국제금융시장의 중심이 미국이기에, 미국 재무부United States Department of the Treasury에서 발행한 국채Bills, Notes & Bonds가 대표적인 무위험자산으로 분류된다. 이외에도 재무부에서 발행한 물가연동국채TIPS, Treasury Inflation Protected Securities 입출금예금과 저축예금, MMF Money Market Fund 및 양도성 예금증서CDs, Certificate of Deposit 등이 무위험자산으로 분류된다.

우리나라 기준에서는 정부에서 발행한 국채와 물가연동국채, 공기업들이 발행한 공사채, 입출금예금과 정기예금 등의 예금, MMF 및 양도성 예금증서, 국민연금 등의 공적연금에 납입된 금액도 무위험자산으로 볼 수 있겠다.

경기가 급변하거나 시장에 큰 위험이 존재할 때 투자자들은 불확실성에 대한 우려로 보유한 위험자산에서 투자금을 회수하여 안전자산으로 보유하려 한다. 이와 같은 현상을 안전자산선호Flight to Quality라고 부른다.

대표적인 안전자산인 미국 재무부 발행 국채가 무위험자산이라고 볼 수 있을까? 사실 우리에겐 아니다. 미국 국채에 투자하기 위해서는 원화KRW를 달러USD로 환전하여 투자해야 하는데, 투자한 미국 국채에서의 이자와 원금 현금흐름이 달러로 지급되기 때문에 우리 입장에서는 원 달러 환율의 변동에 대한 위험이 존재한다. 아시다시피 환율은 상황에 따라 변동폭이 상당히 클 수 있으며, 환율이 변동함에 따라 수

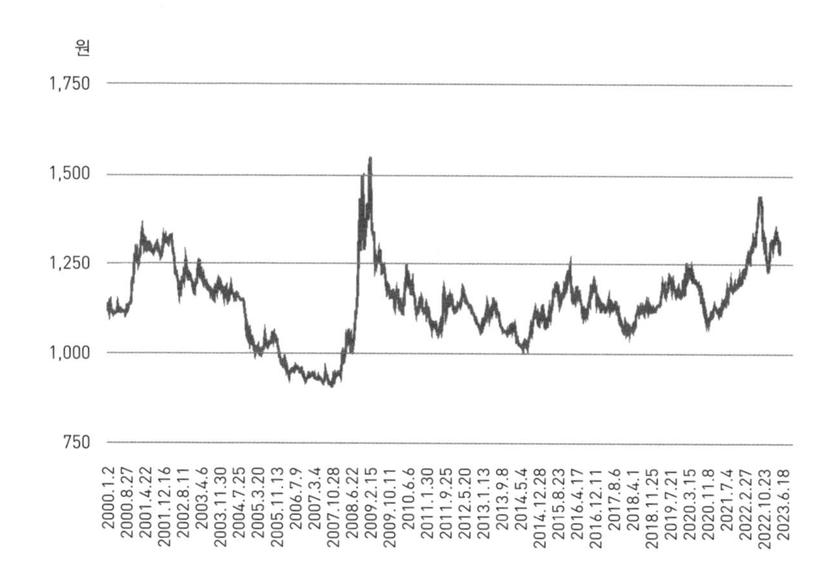

2000년부터 2023년까지 주간 원 달러 환율 변동 추이
(데이터 출처: Investing.com)

익률은 영향을 받을 것이고, 변동이 가능한 환율의 폭이 미국 국채에서의 이자율보다 높을 가능성이 크다. **2000년부터 2023년까지 주간 원 달러 환율 변동 추이** 차트에서 보다시피, 큰 이벤트가 없더라도 50원~100원 정도의 환율 변화는 크게 이례적인 경우가 아니며, 그 정도 변화라면 대략 4%~8%의 수준의 변동일 것이다.

사실 투자자의 관점에서 완전히 위험이 없는 자산은 없다. MMF 등은 금융위기가 찾아올 때마다 원금 손실이 발생하는 경우가 있었고, 은행에 예치된 금액들도 예금자보호한도를 초과하는 금액에 대해서는 은행이 부실화되었을 경우 원금 및 이자상환을 확신할 수는 없다. 위에서 언급한 자산 중 가장 안전하다고 볼 수 있는 국채와 공기업 발행 채권들도 국가 부도의 경우에는 원금과 이자에 어떤 영향을 미칠지 예측하기 힘들다.

무엇보다도 기축통화를 보유한 국가가 아닌 우리나라는 국가경쟁력이 하락하게 되는 경우 환율에 영향을 받을 것이고, 이는 수입물가의 급격한 상승으로 이어져 초인플레이션Hyperinflation이 발생할 수 있다. 이렇게 되면 비록 금액은 그대로라도 구매력이 급격히 떨어질 것이다.

물가연동국채의 경우 소비자물가지수CPI, Consumer Price Index의 변동에 따라 원금이 상승하고, 상승한 원금에 대해 표면금리가 적용되어 이자를 지급받는 구조이기에 물가상승에 대한 보상이 있어서 언급한 무위험자산 중에서는 상대적으로 가장 안전하다고 볼 수 있다. 물론 물가연동국채에 투자한 경우에도 채권의 만기 이전에 매각을 하려하면 매각 당시의 시장상황에 따라 손실을 보며 매각해야 할 수도 있다. 따라서 무위험자산(無危險資産)이라기보다는 저위험자산(低危險資産)이라고 봐야 한다.

무위험자산(無危險資産)의 형태로 일부 자산을 보유하게 되면, 시장이 큰 폭으로 하락하더라도 손실을 피할 수 있다. 또한 고정금리 형태로 투자를 했다면, 약정된 수익이 지속적으로 발생할 것이기에 자금관리에 용이하고 자산이 증가하게 된다. 무위험자산의 종류에 따라 조금씩 다를 수는 있지만, 대부분의 경우 일부 이자금액을 포기한다면 필요시 자금의 인출이 용이하다는 장점도 있다.

하지만 그 안전성이 큰 만큼 수익률은 낮을 수밖에 없으며, 물가상승률을 고려한 실질이자율은 더욱 낮을 것이기에, 자산을 증가시키려는 우리의 목적에는 적합하지 않다. 이미 자산 형성이 넉넉하게 되어있어 무위험이자율만 가지고도 월간 및 연간 지출금액을 감당할 수 있는 경우가 아니라면, 비상 상황에 급히 사용할 수 있는 현금을 예치하거나 일정 규모의 종잣돈을 축적하기 위해, 또는 적절한 투자 대상을 확보할 때까지 자금을 보관하는 용도 등으로 활용할 수 있다.

위험자산은 무위험자산의 여집합, 즉 자산 중에서 무위험자산이 아닌 모든 자산을 위험자산이라고 보면 된다.

위험대비수익률

무위험자산 보다 높은 수익을 추구하기 위해 위험자산에 투자한다면, 위험자산이라는 표현 그대로 다양한 위험에 노출되게 된다. 투자에 있어서 위험이란, 해당 투자로 인해 손실을 입을 수 있는 모든 불확실성을 의미한다. 앞에 언급하였듯이 무위험자산에 투자하는 경우에도 일부 위험은 존재한다.

일반적인 투자에 있어서는 시장위험, 사업위험, 신용위험, 유동성위험, 운영위험 및 법적위험 등이 주요 위험에 해당한다. 그러나 주요 위험에 포함되지 않는다고 추가적인 위험이 존재하지 않는 것은 아니며, 언제나 늘 예상하지 못한 뜻밖의 위험이 현실화될 수도 있음을 염두에 두어야 한다.

주요 위험들에 대해 간략히 살펴보면 다음과 같다.

• **시장위험**(市場危險, Market Risk)

시장상황의 변화로 인해 발생할 수 있는 손실 가능성을 의미한다. 주식을 투자하는 경우, 건실한 기업의 성장가능성을 예측하여 투자했다고 하더라도 전반적인 시장상황이 악화되어 손실을 입게 될 수 있다. 경기가 악화된다던가, 시장금리가 상승하거나, 환율의 변동 등 거시경제적 요인으로 전반적인 시장이 침체되면서 손실을 입게 되는 가능성이며, 분산투자를 통해 위험을 감소시킬 수 없기에 체계적위험(體系的危險)Systemic Risk이라고도 부른다.

• **신용위험**(信用危險, Credit Risk)

계약의 상대방이 계약을 이행하지 못하게 되는 위험을 의미한다. 예금을 맡긴 은행이 부도가 나거나, 보험상품에 가입하였는데 보험회사가 부도가 나는 경우, ELS Equity Linked Securities 등에 투자하였는데 발행한 증권사가 부도나는 경우 등을 예로 들 수 있다.

• **유동성위험**(流動性危險, Liquidity Risk)

현금조달능력의 부족으로 단기적으로 자금이 부족하여 대외지급이 불가능한 상황이 발생할 수 있는 위험이다.

• **운영위험**(運營危險, Operational Risk)

운영위험은 기업이 사업 활동을 영위함에 있어서 발생할 수 있는 위험으로 기업 내부 절차와 임직원, 시스템 오류 등으로 발생할 수 있는 손실 위험을 의미한다. 주식이나 채권을 투자하였다면, 해당 기업의 운영위험으로 인해 투자손실을 입을 수도 있으며, 투자주문실수를 비롯한 착오매매도 포함된다.

- **법적위험**(Legal Risk)

  계약의 상대방이 법적인 이유로 계약을 이행하지 않게 되면서 발생하는 위험이다. 보통 계약상의 문제나 분쟁, 감독기관 등으로부터의 징계 등이 해당한다.

우리가 사는 세상에는 우리의 투자에 영향을 미칠 수 있는 수없이 많은 변수가 있고, 그 모든 변수를 예측할 수 없기 때문에 언제나 위험이 도사리고 있다. 위에 언급한 위험들은 그 변수들 중 일부에 불과하다는 사실을 명심하자.

"공짜 점심은 없다(There ain't no such thing as a free lunch.)."

미국의 자유시장경제학자이며 시카고학파의 거장, 1976년에 노벨 경제학상을 받은 밀턴 프리드먼Milton Friedman이 자주 인용하던 문구이다. 우리말에도 자주 쓰는 표현이다. 세상에 공짜는 없다. 고위험 고수익이란 말처럼, 높은 수익율에는 높은 위험이라는 대가가 따르는 법이다.

또 다른 미국의 경제학자이자 1990년 노벨 경제학상을 수상한 윌리엄 샤프William Forsyth Sharpe는 포트폴리오Portfolio에서 위험자산에 투자함에 있어서 위험자산의 단위위험당 무위험자산에 대한 초과수익률을 측정하는 샤프지수Sharpe Ratio라는 개념을 만들었다. 샤프는 위험을 포트폴리오의 수익률 분산 정도를 표현하는 표준편차로 정의하였고, 위험자산이 포함된 포트폴리오의 수익률과 무위험자산수익률의 차이를 포트폴리오 수익률의 표준편차로 나누어 위험대비수익률을 표현하였다. 샤프지수가 높을수록 위험에 대한 보상이 충분한 것으로 본다. 펀드나 투자전략의 성과 등을 측정할 때 자주 이용되는 지수다.

간단한 예를 들면, 대형 시중은행의 예금보다 저축은행에 예금하면 금리를 더 많이 주는 것은 저축은행의 예금이 더 위험한 상품이기 때문이다. 저축은행은 대형 시중은행보다 규모가 작기에 더 부실할 것이며, 특히 부도가 날 경우 대형 시중은행이 부도나는 것보다 그 파급효과가 적기 때문에 문제가 생겼을 시 정부가 개입하지 않을 가능성이 높다. 다시 말해서, 예금자보호한도를 초과하는 예금에 대해서 원리금이 보전되지 않을 가능성, 즉 신용위험이 높다. 또한 상대적으로 중요성이 낮아서 감독기관의 감시가 덜할 수 있어 운영위험도 높다고 볼 수 있다.

애초에 생각한 것보다, 혹은 비교할 만한 다른 투자안들보다 수익률이 높다면 의심해 봐야 한다. 투자를 유치하려는 사람들과 금융상품을 판매하는 금융회사들은 우리보다 많은 정보를 가지고 있다. 공짜 점심이 없는 것처럼 그들은 절대로 우리를 위해 그들의 수익 일부를 포기하며 우리에게 높은 수익률을 제공하지 않는다. 높은 수익을 추구하기 위해 높은 위험을 감수하는 것은 개별 투자자의 위험성향Risk Appetite에 따르지만, 위험성향이 높은 투자자라 하더라도 적어도 자신이 감수하는 위험이 무엇인지는 인지하고, 그 영향을 예상하여 투자판단을 해야 한다. 이상할 정도로 수익률이 높다면 분명히 더 많은 위험이 수반되는 투자안일 것이므로, 해당 투자로 인해 추가적으로 감수해야 하는 위험이 무엇인지, 그 위험의 정도를 가늠해야 한다.

이렇게 생각하자. 수익률이 높은 투자안은 더 높은 위험을 감수해야 하는 투자안이고, 위험수준이 낮은 투자안은 수익률이 낮다. 고수익은 분명히 고위험이고, 저위험은 분명히 저수익일 것이다. 고수익 저위험은 존재하지 않고, 저수익이라고 저위험은 아니다. 여기서 주의할 점은 수익률이 낮다고 더 안전한 투자는 아니라는 점이다. 자본주의의 특성상, 무엇보다 자본주의의 첨병(尖兵)인 금융회사는 절대로 당신 편이 아니다.

금융회사는 모든 거래에 수익을 수반하고자 하며, 언제나 그 수익을 극대화하려 한다. 고위험의 상품임에도 불구하고 위험이 적은 것처럼 보이게 하여 수익률을 낮추면서 수수료 수입을 극대화하려는 시도는 항상 존재한다. 특히 금융회사 임직원이 추천하는 금융상품의 경우는 더욱 조심해야 한다. 적극적으로 추천한다면, 실적에 더 많이 반영되는 상품이거나 본사 차원에서 밀고 있는 상품일 것이다. 분명 더 많은 금융회사의 마진이 숨어있는 상품일 것이므로 감수하는 위험에 비해서 수익률이 낮을 가능성이 높다. 따라서 모든 투자대상에 대해 감수해야 할 위험을 충분히 분석해야 한다. 그리고 그 분석을 기반으로, 위험에 대한 보상으로 얻는 수익률도 충분히 높은지 판단하여 투자를 실행해야 한다.

투자와 투기

투자(投資)Investment와 투기(投機)Speculation를 구분할 수 있는가?

한자를 풀어보면 투자는 자본에, 투기는 기회에 투입한다는 의미로 보이는데 어감상으로 구분되는 느낌이다. 투자와 투기의 명확한 구분은 힘들지만, 투자는 보통 생산 활동 등의 실물경제에 영향을 미치는 자금의 투입이며, 단기적이기보다는 장기적이다. 투기는 시세차익의 변동으로 이익을 추구하기 위한 자금의 투입을 의미하며, 상대적으로 단기적이다.

세계적인 투자회사 버크셔 헤더웨이Berkshire Hathaway의 회장이자 오마하의 현인The Oracle of Omaha이라 불리는 전설적인 투자자 워렌 버핏Warren Buffett은 투자와 투기를 다음과 같이 구분하였다.

"모든 투자는 미래에 더 많은 돈을 회수하기 위해 현재 돈을 투입하는 것이다. 돈의 회수 관점에서 두 가지가 방법이 있는데, 하나는 그 자산이 산출하는 돈으로 회수하는 것이며, 이것이 투자다. 또 하나는 그 자산이 무엇을 산출하건 간에 관계없이 다른 누군가가 당신에게 지불하는 금액으로 회수하는 것이며, 이것을 나는 투기라고 부른다."[28]

시세차익을 원해서 하는 행위라면 투기, 자산에서의 수익을 원한다면 투자라는 이야기다. 오마하의 현인이라는 별명이 어울리는 매우 적절한 설명이라고 생각한다.

일명 '갭투자'를 예로 들어보자. 갭투자는 전세세입자를 끼고 전세보증금을 제외한 나머지 금액, 그리고 그 금액 중 일부도 대출을 받아 주택을 매입하고, 수년이 지나 가격이 오르면 매각하여 시세차익을 획득하기에 투기라고 볼 수 있다. 반면 꾸준한 임대수익을 위해 상가건물을 매입한다면 투자로 분류될 수 있다. 같은 논리라면, 지금보다 주가가 올라갈 것으로 예상해서 현재 주식을 매입하는 행위도 투기라고 볼 수 있다.

언론에서 투기는 부정적인 이미지가 강하지만, 반면에 투자는 일반적으로 경제활동에 꼭 필요한 긍정적인 이미지로 비춰진다. 하지만 내 생각은 다르다. 자본주의 시장경제체제에서 살아가는 우리가 누구는 투자로 돈을 벌었으니 존경할 만하고, 누구는 투기로 돈을 벌었으니 비난받아 마땅하다고 할 수가 있을까?

---

28 "All investment is, is laying out some money now, to get more money back in the future. Now, there's two ways at looking at the getting the money back. One is from what the asset itself will produce. That's investment. One is from what somebody else will pay you for it later on irrespective of what the asset produces. And I call that speculation.", 워렌 버핏(Warren Buffett).

물론 간혹가다 발생하는 한 국가의 금융시장을 흔들어 수익을 벌어가는 헤지펀드Hedge Fund의 행위들이나, 작전 등 시장을 교란하여 남에게 피해를 주는 행위들은 비난받아 마땅하다. 하지만 로또 1등에 당첨된 사람이나 내국인 카지노에서 잭팟을 터뜨린 사람을 비난할 이유가 전혀 없듯이, 합법적인 머니게임에서 지속적인 승률을 보이는 투자 고수를 사실은 시세차익만을 추구하는 투기였다는 이유로 그 행위 자체를 비난할 근거는 전혀 없다고 생각한다. 투기도 합법적인 경제행위의 하나라고 봐야 한다.

그럼에도 불구하고 굳이 투자와 투기를 구분하는 이유는, 그 수익의 원천에 대해 생각해 볼 만하기 때문이다. 워렌 버핏의 설명에 따른 '투자'는 자산에서의 수익이 주목적이므로, 투자하는 대상인 '자산'의 향후 성과에 대한 예상을 해야 한다. 만일 투자 대상이 기업이라면, 해당 기업의 기술력과 그 기술력으로 상품이나 서비스를 구현할 수 있는 인적자원, 또 이 구현된 상품이나 서비스를 판매할 수 있는 영업력, 그 기업이 속한 산업의 전망, 같은 산업군에서의 경쟁 현황 및 잠재적 경쟁자, 전반적인 거시경제환경 등을 분석하고, 그 분석을 기반으로 투자 대상에 대한 평가를 해야 한다. 투자 대상이 임대소득을 위한 부동산이라면, 해당 부동산이 위치한 지역의 경기, 주변 건물들의 공실률과 임대료 수준, 현재 임차인들에 대한 상황 분석, 해당 부동산의 상태와 추가적인 비용 투입 필요 여부, 전반적인 거시경제적 시장 상황 등을 분석해야 한다.

반면 워렌 버핏이 정의한 투기에 해당한다면, 시세차익이 주목적이기 때문에 목표하는 매각 시점에 더 높은 가격에 거래될 확률을 보아야 한다. 사실 시장에서 앞으로 어떤 자산의 가격이 상승하게 될지를 예측하려면, 단순히 투자 대상의 향후 실적에 대한 분석만으로는 충분하지 않다. 성과가 좋은 기업의 주식도 다른 이유에 의하여 투자자들에게 외면받는다면 주가가 오히려 하락할 수 있고, 성과가 좋지 않은 기업의 주식도 특별한 호재나 테마가 있다면 주가가 상승할 수 있다.

여러 번 언급하였던 거시경제학의 아버지를 다시 소환해 보자. 영국의 경제학자 케인즈John Maynard Keynes는 1936년 2월에 발간한 그의 저서 『고용, 이자 및 화폐의 일반이론』에서 아래와 같이 표현하였다.

> "전문적인 투자는 수백 개의 사진 중에서 6개의 가장 예쁜 얼굴을 선택해야 하고, 전체 경쟁자들의 평균적인 선호에 가장 가까운 선택을 한 사람이 상을 받는 신문 경쟁과 비슷하다. 따라서, 각 경쟁자는 그 자신이 가장 예쁘다고 생각하는 사진이 아닌, 같은 관점에서 보고 있는 다른 경쟁자들의 선택을 받을 가능성이 가장 높은 사진을 선택해야 한다. 개인의 판단에 따라 정말로 예쁜 사진을 선택해야 하는 것이 아니며, 또한 평균적으로 가장 예쁘다고 생각하는 사진을 선택하는 것도 아니다. 우리는 우리의 지성을 사용하여 평균적인 의견에 대한 평균적인 의견이 무엇인지를 예측하는 세 번째 단계에 도달했으며, 네 번째, 다섯 번째 그리고 더 많은 단계로 예상하는 사람들이 있을 것이다."[29]

그 유명한 케인즈의 미인대회Keynesian beauty contest 이야기이다. 케인즈는 주식투자를 미인대회에 비유하였는데, 간단히 말하면 주식투자에 성공하기 위해서는 좋은 기업의 주식을 찾아야 하는 것이 아니라, 주식시장에 참여하는 투자자들이 가장 많이 선택할 주식에 투자해야 한다는 이야기다. 그리고 처음에는 주식시장에 참여하는 투자자들이 가장 많이 선택할 주식을 찾아야 하지만, 더 미리 투자하기 위해서는 미리 주식을 선점하려는 투자자들이 주식시장에 참여하는 다른 투자자들이 가장 많이 선택할 것으로 예상하는 주식에 투자해야 한다. 더 나아가 그들보다도 먼저 투자를 선점하기 위해서는, 그 이전에 투자를 선점하려는 투자자들 또한 미리 주식을 선점하려는 투자자들이 주식시장에 참여하는 다른 투자자들이 가장 많이 선택할 것으로 예상할 것으로 예측하는 주식에 투자해야 한다. 결국 마치 바둑이나 장기를 두면

29 "Or, to change the metaphor slightly, professional investment may be likened to those newspaper competitions in which the competitors have to pick out the six prettiest faces from a hundred photographs, the prize being awarded to the competitor whose choice most nearly corresponds to the average preferences of the competitors as a whole; so that each competitor has to pick, not those faces which he himself finds prettiest, but those which he thinks likeliest to catch the fancy of the other competitors, all of whom are looking at the problem from the same point of view. It is not a case of choosing those which, to the best of one's judgment, are really the prettiest, nor even those which average opinion genuinely thinks the prettiest. We have reached the third degree where we devote our intelligences to anticipating what average opinion expects the average opinion to be. And there are some, I believe, who practise the fourth, fifth and higher degrees.", "The General Theory of Employment, Interest and Money". Book by John Maynard Keynes, Book 4, Chapter 12, Section 7, February 1936.

서 몇 수 앞을 내다 보듯이 몇 단계를 더 생각해야 한다는 것이다.

이를 요약하는 케인즈의 어록 중에 다음과 같은 말이 있다.

"성공적인 투자는 다른 사람의 예상을 예상하는 것이다."[30]

내가 채권시장에서 바라보던 시각도 크게 다르지 않았었다. 매수자와 매도자가 시장을 형성하고 가격과 금리를 형성하며 매우 활발하게 거래되는 금융시장에서는 수많은 요인들이 변수로 작용할 수 있다. 그 변수들이 가격에 미치는 영향의 정도가 시장의 상황에 따라, 무엇보다도 시장의 분위기에 따라 시시각각으로 변한다. 심지어 어떤 때는 동일한 변수임에도 불구하고 시장이 어떻게 받아들이느냐에 따라 가격 상승요인이 되기도 하고, 가격 하락요인으로 작용하기도 한다.

20년 이상을 금융시장에서 거의 매일 국제 금융시장을, 그중에서도 특히 미국의 채권시장과 거시경제 전반을 지켜봐 온 내가 후배들에게 시장에 대해서 설명할 때는 다음과 같은 묘사를 한다.

30 "Successful investing is anticipating the anticipations of others.", John Maynard Keynes

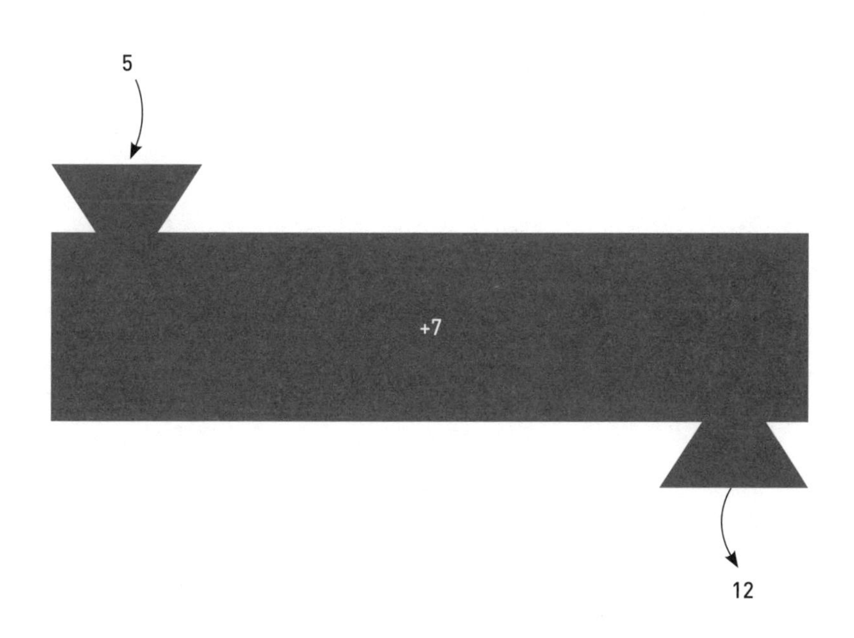

아마 초등학생 시절 함수를 처음 배울 적에 봤던 그림인 듯하다. 다들 어렸을 때 비슷한 그림으로 수학을 표현하는 문제를 풀어 본 기억이 있을 것이다. 위의 그림에서 상자에 5라는 숫자를 넣으면, 상자 안에서 7이 더해져서 12로 나온다. 내가 보는 시장은 저 그림과 매우 비슷하다. 5 대신에 변수가 상자로 들어가고, 상자에서는 +7 대신 시장 심리에 의해 가공되어 12 대신 가격변동이라는 결과로 나오는 함수다.

시장에는 정답도, 확고한 불변의 논리도 없다. 따라서 시장심리라는 함수가 각각의 변수를 어떻게 적용하는지는 사회과학의 영역이고, 시장참여자 전체의 심리를 파악하는 것은 불가능하기에 늘 오차와 오류가 발생할 수밖에 없다.

자산의 적정가치

시장에서 자산의 가격은 수요와 공급에 따라, 호재와 악재에 따라 지나치게 과열되거나 침체될 수 있다. 시세차익을 노린다면 변동하는 시장 속에서 적정가치보다 낮게 가격이 형성되어 있는 자산을 매입하고, 고평가되어 거래되는 자산을 매각하여야 수익을 얻을 수 있을 것이다.

하지만, 풍부한 유동성을 가진 시장에서 활발하게 거래되고 있는 자산들의 적정가치를 분석해 낼 수 있을까?

투자은행에 오랜 기간 근무하는 동안 다양한 사람들로부터 여러 질문들을 받아왔다. 그중에서도 금융자산 중에서도 가장 안전한 자산의 형태라고 볼 수 있는 채권 업무를 주로 하고 있던 내가 종종 듣던 질문들이 있다.

"주식투자에 대해서 어떻게 생각하시나요?"

"주식투자는 하지 않으시나요?"

"비트코인Bitcoin이나 이더리움Ethereum 등의 가상화폐에 대해서는 어떻게 생각하시나요?"

"지금 비트코인의 가격이 적정하다고 생각하세요? 얼마나 더 오를 수 있을까요?"

이런 질문들에 내가 자주 사용하는 비유가 있다. 모나미 볼펜이다. 어렸을 때부터 흔하디흔한 볼펜이었고, 지금도 많은 사람들이 보면 바로 아는 제품일 것이다. 그 제품의 제품명이 BP 153이란 사실은 자료를 찾아보다 알게 되었다. 요새도 모나미몰에서 300원에 판매되고 있고 여전히 우리 삶 가까운 곳에 늘 존재하는 볼펜이라 내가 말하려는 바를 비유하기에 적합한 소재라고 생각한다. 여하튼 나는 보통 모나미 BP 153 볼펜과 같은 펜을 들고 묻는다.

"내가 쓰던 이 볼펜을 얼마에 사시겠습니까?"

대다수의 사람들은 보통 별다른 대답이 없다. '무슨 소리를 하는 건가' 하는 얼굴로 나를 쳐다보는 경우가 일반적이다.

"자, 이 볼펜을 당신에게 100만 원에 사라고 하면 사시겠습니까?"

이 질문에 사겠다고 답하는 사람은 아직까지는 본 적이 없다. 아니라고 대답하던가, 여전히 무슨 말을 하려는지 모르겠다는 표정으로 나를 쳐다보는 경우가 대부분이다. 나는 거기에 덧붙인다.

"자, 그러면 문 밖으로 나가면 이 볼펜을 110만 원에 사려고 하는 사람이 있다고 가정해 봅시다. 그러면 저한테 지금 여기서 100만 원에 사시겠습니까?"

이 질문에는 다들 사겠다고 대답한다. 여태껏 아무 대답이 없던 사람들도 그제야 답을 하면서 내가 무슨 말을 하려는 건지 알 것 같다는 표정이 된다.

"제가 쓰던 이 볼펜의 가치는 정확히 모르겠지만, 적어도 100만 원이 아닌 것은 다 알고 있을 겁니다. 하지만 이 볼펜의 가치가 100만 원인지 만 원인지는 중요하지 않습니다. 만약 이 볼펜이 시장에서 100만 원이 넘는 가격에 거래되고 있고, 당신이 그 사실을 알고 있다면, 더 비싼 가격에 팔 수 있다는 믿음이 있기에 100만 원을 주고 살 수 있습니다. 저는 이게 주식시장이고, 여러분이 100만 원을 주고 이 볼펜을 저에게서 사는 행위가 주식투자라고 생각합니다."

동의하지 않는 사람들도 많겠지만, 적어도 내가 주식시장과 주식투자에 대해 어떤 생각을 가지고 있는지는 확실히 전달될 것이다.

우리는 주식시장에서 거래되는 기업 하나하나에 대한 정보를 충분히 얻을 수 없다. 기관투자자들이나 증권사의 애널리스트들이라면 우리보다는 많은 정보에 대한 접근이 가능하겠지만, 그들 역시 그 회사의 내부자들만큼 충분히 알 수는 없으며, 그 회사의 내부자들조차 자신들이 근무하거나 운영하는 기업의 미래 실적을 예상하는 건 불가능할 것이다.

이 세상에는 수많은 변수가 생기기 마련이다. 환율의 변동, 소비 습관의 변화, 경쟁사의 진입, 경쟁사의 공격, 대체재의 개발, 불황, 신제품 개발의 성사 여부, 경영자나 핵심 인력의 배임 및 횡령, 경영전략의 수정, 원자재 가격의 상승, 생산설비 가격의 상승, 인건비의 증가, 필요 인력 수급에서의 문제점, 핵심 인력의 유출, 물류시스템의 충격, 수출 및 수입 관세의 변화 등등 그 회사의 향후 실적에 영향을 미칠 수 있는 변수를 나열하면 끝이 없다. 이 모든 것을 예상하고, 예측한 상황으로부터의 영향을 분석하고, 그 분석에 기반하여 향후 꽤 먼 미래까지의 매출 및 순이익 등을 계산하고, 앞으로의 성장률 등을 계산하여 해당 기업 주식의 적정가치를 계산할 수가 있을까? 그럴 리가 없다. 아시다시피, 당장 그해의 매출과 순이익을 예측하는데도 많은 오차가 발생할 수밖에 없다.

상대가치평가Relative Valuation라는 개념을 들어본 적이 있을 것이다. 위와 같이 투자한 기업의 실적을 일일이 예측하여 미래현금흐름을 현재가치로 할인하여 기업의 적정가치를 판단하는 방법을 절대가치평가Absolute Valuation이라고 부른다. 반면, 상대가치평가는 비교대상기업군을 설정하고, PER Price Earning Ratio(주가수익비율), PBR Price to Book Ratio(주가순자산비율), EV/EBITDA(기업의 시장가치를 세전영업이익EBITDA으로 나눈 값) 등의 비율을 비교하여 적정가치를 산출하는 방식이다.

상대가치평가 방법들도 결국 절대가치평가가 불가능하니 보완하기 위해서 개발되었을 것이고, 비교대상군을 어떻게 설정하는지에 따라, 어떤 비율로 비교하느냐에 따라 주식 가치는 크게 차이날 수밖에 없다. 또한 비교대상군에 속한 기업들도 결국 주식가치가 시장에서 형성되어 있기에, 시장의 움직임에 따라 가치가 변동할 수밖에 없다. 따라서 상대가치평가를 통해서 같은 비교대상군에 있는 기업들에 대비하여 상대적으로 저평가되어 있는지 여부는 판단할 수 있을지 몰라도, 해당 기업의 적정가치를 알 수 있다고 보기는 어렵다.

좀더 생각해보면 '적정가치를 알아서 무엇 하나' 하는 생각도 든다.

주식시장에서 특정 기업의 주가가 늘 적정가치에 형성되거나 결국 적정가치에 수렴한다면 주식시장의 일중, 주중, 월중 변동폭은 지금보다 현저히 낮아질 수밖에 없다. 시장가격이 적정가치를 반영할 것이라는 확신이 없다면, 적정가치를 산출해 봐야 시세차익을 얻는 데는 큰 도움이 되지 않을 것이다.

다시 질문으로 돌아가 이야기를 이어가보자.

"가상화폐 시장은 아까 모나미 볼펜으로 설명한 주식시장 이야기와 대부분 동일하지만, 모나미 볼펜이 빠져 있는 시장이라고 생각합니다."

내가 생각하는 가상화폐 시장은 실체가 없다. 하지만 그 실체가 없는 자산이 거래가 되고, 그 거래를 통해 시장가격이 형성되고 있기에, 거래되고 있는 시장가격을 부정할 수는 없다. 시장가격이 존재하는 한 실체가 없는 자산이라도 거래가 가능하고, 따라서 당연히 시세차익도 얻을 수 있다. 나로서는 도대체 무엇으로 적정가치를 매겨야 하는지 감 잡을 수 없지만, 300원짜리 모나미 볼펜이 100만 원에도 거래될 수 있는 시장이 이미 오랫동안 존재해 왔는데, 300원짜리 모나미 볼펜이 빠졌다고 해서 크게 이상해 보이지는 않는다.

참고로 KB 금융지주에서 발간된 2022년 한국 부자 보고서에서 따르면, 2021년 기준 금융자산 10억 원 이상의 한국 부자들 중에서 가상화폐를 비롯한 디지털자산에 투자하고 있는 사람은 약 7.8%로 소폭 감소하였다. 그들이 디지털자산에 대한 투자 의향이 없는 이유는 '디지털자산 거래소를 신뢰할 수 없어서'가 39.9%로 가장 높았고, '디지털자산 가치 변동률이 너무 높아서'라고 응답한 사람도 36.1%나 되었다. 또

한 '디지털자산의 내재가치가 없다고 생각되어서'라고 응답한 사람도 29.6%였다.[31]

시장에서 활발히 거래되는 자산의 적정가치를 산출하기도 어렵겠지만, 해당 자산의 시장가격이 적정가치에 수렴할 것이라는 가정도 성립하지 않을 가능성이 높기에, 적정가치를 산출할 수 있다고 해서 꾸준한 시세차익을 얻을 수 있을 것으로 보이지도 않는다.

31 KB 금융지주 경영연구소, 2022 한국 富者 보고서, (황원경/김진성/이신애), 2022년 12월 발간.

캐피털게인과 인컴게인

캐피털게인, 또는 자본이득(資本利得)Capital Gain은 보유자산의 가치 변동으로 인해 발생하는 차익을 의미한다. 시세차익을 포함하는 개념이며, 자본이득의 경우에는 매각으로 이익을 실현하지 않았더라도 가치평가로 인한 차익도 포함한다. 자본이득이라는 표현보다는 캐피털게인Capital Gain이라는 영문 그대로 사용하는 경우도 많다.

이에 반대되는 개념인 인컴게인Income Gain이라는 개념은 특정 자산을 소유하고 있음으로 인해 지속적으로 발생하는 수익을 의미한다. 채권의 이자수익이나 주식의 배당, 부동산의 경우 가치상승으로 인한 수익은 캐피털게인으로, 임대수익 등은 인컴게인으로 분류될 수 있다. 관점에 따라 다를 수는 있겠지만, 주식은 대표적인 캐피털게인 추구 상품이며 채권은 대표적인 인컴게인 추구 상품이라고 볼 수 있을 것이다.

나는 나의 투자대상군Investable Universe에 개별주식을 포함하지 않는다. 개별주식을 매입해서 꾸준한 시세차익을 얻을 수 있을 것이라는 확신이 없기 때문이다.

2003년 국내 증권사에서 미국계 투자은행의 외화채권 담당으로 막 이직했던 당시에 같은 팀에 있던 한 이사님의 말씀이 생각난다.

"너 주식하니?"

국내 증권사에 다니는 사람들은 담당 업무가 무엇이든 대부분 어느 정도는 주식투자를 하고 있었고, 회사에서도 권장하고 있었기 때문에 당연한 질문이었다. 하지만 외국계 투자은행들의 준법감시Compliance는 상당히 엄격해서 주식 거래에 대해 일일이 신고하고 승인을 받은 다음 거래를 해야 했기에, 얼마 되지도 않지만 보유했던 주식을 모두 매각해서 그 순간에는 보유 주식이 없었던 상태였다. 새로운 일에 적응해야 하는 내 입장에서는 조만간 다시 주식투자를 재개할 생각도 별로 없었기에 현재는 주식에 투자하고 있지 않다고 말씀드렸다. 그러자 그 이사님이 무심하게 다시 덧붙이셨다.

"주식하지 마라. 내가 십 년 넘게 채권시장에 있었는데, 채권하는 놈들 중에 주식해서 돈 벌었다는 놈을 본 적이 없다."

그때 이후로 적립식펀드나 거치식펀드와 같이 주식에 투자하는 펀드에 가입한 적은 있어도 개별주식을 매입한 적은 없다.

돌이켜 보면, 그 이사님이 무심하게 던지셨던 한마디가 지금까지도 매우 고맙게 느껴진다. 위에서도 언급하였듯이, 시세차익을 추구하기 위해서는 시장심리를 이해할 수 있어야 한다. 채권쟁이였던 나로서는 주식시장 참여자들의 낙관적인 심리를 전혀 이해할 수가 없으니 아무리 복기를 해보아도 내가 개별주식을 매입해서 돈을 벌었을 가능성은 없다. 지난 20년에 가까운 시간 동안 수차례의 금융위기를 지내면서 얼마나 큰 손실을 볼 수도 있었는지를 생각해 보면 지금 나의 자산을 지키는데 일부 도움을 주신 그분께 늘 고마운 마음이다.

우리가 쉽게 참여할 수 있는 시세차익을 위한 금융시장, 주식시장이나 파생상품시장, 외환시장, 채권시장 등은 늘 대형 기관들과 잔뼈가 굵은 선수들이 참여하는 약육강식(弱肉强食)의 세상이다. 케인즈가 비유하였듯이 "성공적인 투자는 다른 사람의 예상을 예상하는 것"이지만, 몇몇 대형 투자자의 예상이 차지하는 비중은 다른 수많은 사람들의 예상이 차지하는 비중보다 훨씬 크기에 시장을 주도할 수 있는 경우도 많다. 그런 시장에서 개인투자자로 지속적으로 시세차익을 얻을 가능성은 매우 희박하며, 그 희박한 가능성을 실현하는 사람이 우리일 거라고 가정하기에는 무리가 있다.

1988년 2월 29일, 워렌 버핏Warren Buffett은 투자자들에게 버크셔 헤더웨이Berkshire Hathaway의 1987년 실적을 보고하는 서신에서 다음과 같은 격언을 인용하였다.

> "만약 당신이 30분 동안 포커 테이블에 앉아서 누가 호구인지 알아내지 못한다면, 그 호구는 당신이다."[32]

32 "If you are sitting at a poker table for 30 minutes and can't figure out who the patsy is, the patsy is you."

지난 20여 년 동안 금융시장의 일원으로서 개인적으로 주식투자를 하는 사람들을 수도 없이 보아 왔지만, 놀랍게도 주식투자로 의미 있는 돈을 번 사람은 극히 드물다. 시장의 호구가 누구인지 알지 못하는 우리 대부분은 아마도 그 시장의 호구일 가능성이 크다. 따라서 시세차익을 추구하려다 도리어 큰 손실을 초래할 가능성이 높으며, 자산 중 상대적으로 큰 비중을 시세차익을 위한 방향성 배팅에 배분하는 것은 그다지 바람직하지 않다.

반면 인컴게인Income Gain은 충분한 연구와 분석으로 어느 정도 예측이 가능하며, 상대적으로 위험이 적다. 따라서 당연히 수익률은 낮을 수밖에 없지만, 꾸준한 수익창출이 가능하다. 예를 들어, 신용등급이 높은 회사채에 투자했을 경우 채권의 만기까지 꾸준한 이자가 지급될 것이며, 발행사가 만기 이전에 부도가 나지 않는 이상 원금은 회수된다. 하지만, 그 투자로 얻을 수 있는 수익은 주식투자 등의 방향성 투자로 얻을 수 있을지도 모르는 캐피털게인에 비교하면 미미한 수준으로 보일 것이다.

투자에 있어서 캐피털게인과 인컴게인은 반드시 상호배타적인 것은 아니다. 주식투자의 경우 가격 변동성이 워낙 크기 때문에 자주 간과되지만 배당수익이라는 인컴게인이 발생할 수 있으며, 채권투자의 경우 이자수익이라는 인컴게인이 확보되지만 만기가 긴 채권의 경우 금리 변화에 따른 가격변동이 작지 않기에 캐피털게인도 추구할 수 있다.

수익형 부동산의 경우가 이 두 가지를 동시에 추구하는 대표적인 투자라고 볼 수 있다. 작은 상가나 오피스텔, 꼬마빌딩 등은 보유기간 동안에 임대수익이라는 인컴게인이 발생하고, 시간이 지남에 따라 부동산 가격은 상승하는 것이 일반적이다. 목 좋은 위치에 자리한 수익형 부동산의 경우에는 일정 기간 보유 이후에 높은 가격에 매도하여 상당한 캐피털게인도 얻을 수 있다. 평생을 채권쟁이로 살아온 나 같은 사람들이 특히 더 선호하는 투자방식이다. 미래와 노후를 위한 투자라면 수익형 부동산이 캐피털게인만 추구하는 투자보다는 더 안전하게, 인컴게인만 추구하는 투자보다는 더 높은 수익률을 얻을 수 있어서 적극적으로 고려할 만한 투자대상일 것이다.

블랙스완과 회색코뿔소

한때 헤지펀드에서 파생 상품 트레이딩 업무를 했었던 미국의 작가, 나심 탈레브Nassim Nicholas Taleb는 2001년 블랙스완 이론Black Swan Theory을 개발하였고, 이는 2007년 4월 17일 발간된 『블랙스완 - 위험 가득한 세상에서 안전하게 살아남기The Black Swan: The Impact of the Highly Improbable』라는 책을 통해 더욱 널리 알려졌다.

지난 수천 년 동안 서양 세계에서 백조는 당연히 하얗다고 정의되어 있었으며, 검은색의 백조는 불가능하거나 존재하지 않는 것으로 생각했다. 이후 1697년 네덜란드의 탐험가 윌리엄 드 블라밍Willem de Vlamingh이 신대륙인 호주 서부에서 검은색의 백조를 발견하게 되면서, 절대 존재하지 않을 거라고 생각했던 검은 백조 단 한 마리의 발견이 기존의 백조에 대한 상식과 개념을 완전히 뒤집어 버렸다. 이후 이 이론은 일어날 수 없을 거라고 생각되었던 사건들이 역사적으로 크게 변화하는 계기가 되었고, 극히 드문 사건은 일반적인 상황에서는 사람들이 예측 가능한 범위에 포함되지 않는다는 내용을 말하게 되었다. 나심 탈레브는 자신의 이론을 블랙스완에 비유했는데, 금융시장을 비롯한 대부분의 자산시장에서는 변동성의 증가가 부정적인 영향을 미치기 때문에 예측하지 못하는 변수들에도 어느 정도 대비가 되어 있어야 함을 시사한다.

한편으로는 블랙스완 이론과 비슷하지만, 명확하게 차이가 있는 개념인 회색코뿔소 이론도 존재한다.

미국의 뉴스 리포터였고 현재는 저자로 활동하는 미셸 부커Michele Wucker는 2013년 1월 스위스 다보스에서 열렸던 세계 경제 포럼에서 매우 가능하고 영향력이 크지만 간과되는 위험을 의미하는 '회색코뿔소'라는 단어를 처음 소개하였고, 2016년 『회색코뿔소가 온다-보이지 않는 위기를 포착하는 힘The Gray Rhino: How to Recognize and Act on the Obvious Dangers We Ignore』이라는 책을 출판하였다.

그녀가 사용한 회색코뿔소라는 단어는 우리가 보고 있고 인지하고 있지만 아무 대응을 하지 않는 위협을 은유하는 개념으로, 채무위기나 금융 취약성과 같은 정책적인 이슈, 기후 변화나 불평등과 같은 주제를 이야기하기 위해 만들어 냈다고 한다. 저자는 코로나 시국도 수많은 사람들이 이미 경고하였지만 무시되어 왔던 회색코뿔소의 한 예라고 표현한다.

블랙스완과 회색코뿔소는 우리가 살고 있는 이 세상이 얼마나 예측하기 힘든지를 다시 생각해보게 한다. 아무리 철저한 분석과 예측을 했다고 하더라도, 블랙스완처럼 예측이 거의 불가능한 위협이 우리의 투자나 삶에 지대한 영향을 미칠 것이다. 회색코뿔소와 같은 경우는 더 복잡하다. 분명 위험이 존재함에도 불구하고 시장에서는 그 위험을 반영하고 있지 않기 때문에, 그 위협을 예상하였다 하더라도 시장이 내가 예상한 대로 움직이지는 않을 것이다. 그렇다고 시장과 같이 단순히 그 위협을 무시한다면, 언제 어떻게 나의 자산과 삶에 악영향을 미칠지 알기 힘들다.

소설 『톰 소여의 모험The Adventures of Tom Sawyer, 1876』과 『허클베리 핀의 모험Adventures of Huckleberry Finn, 1884』의 저자인 미국의 소설가 마크 트웨인Mark Twain이 했다는 말이 있다.

> "당신을 곤경에 처하게 하는 것은 당신이 모르는 그 무언가가 아니라, 당신이 확실히 안다고 생각하지만 그렇지 못한 것이다."[33]

미국의 서브프라임 사태를 다룬 영화 〈빅숏The Big Short, 2015〉에서도 인용되었던 문구다. 살면서도 많이 느낀다. 모르는 것은 크게 위험하지 않지만, 특히 투자에 있어서는 모르면서 안다고 생각하는 것만큼 위험해 보이는 것도 없다.

---

33 "It ain't what you don't know that gets you into trouble. It's what you know for sure that just ain't so.", 마크 트웨인(Mark Twain)의 발언으로 주로 인용되지만 실제로 마크 트웨인이 이 문장을 사용했었는지는 확인되지 않는다.

모든 투자에는 위험이 따른다. 그리고 생각보다 우리는 그 위험의 극히 일부만 보고 있는 걸 수도 있다. 처음 투자하는 입장이라면 당연하겠지만, 반복적으로 투자하는 상황이라고 해도 자신이 아는 지식이 전부가 아니라는 사실을 염두에 두어야 하고, 늘 겸손한 마음가짐으로 더 많은 정보와 지식을 획득하려고 노력하는 자세가 필요하다. 아무리 노력하고 아무리 대단한 전문가라고 해도 전체를 충분히 깊게 알 수가 없으며, 언제나 자신이 틀렸을 수도 있다는 사고의 유연성을 지녀야 한다. 쓸데없는 자만심과 근거 없는 확신은 언제나 더 큰 손실을 가져올 수 있음을 명심하자.

유동성

기업에게 유동성(流動性)Liquidity이라함은 현금동원력을 의미한다. 회계적으로는 유동성을 기준으로 자산을 유동자산과 고정자산으로, 부채를 유동부채와 고정부채로 분류한다. 그 기준은 1년 이내 환금, 즉 현금화할 수 있는지 여부나 1년 이내 만기가 돌아오는지 여부 등에 따른다. 자산은 보통 현금과 단기간에 현금으로 전환될 수 있는 예금이나 유가증권, 외상매출금 및 대여금 등이 포함된다. 일반적인 경우에 기업은 어느 정도의 현금 유동성을 확보하고 있어야 하며, 충분한 유동성이 확보되지 않은 경우 흑자를 내고 있음에도 부도 위기에 처할 수 있다.

개인의 경우 보유하고 있는 현금과 입출금계좌 등에 보유한 예금, 정기예금이나 해지 가능한 계좌들, 매매 가능한 주식, 채권 등이 꽤 빠른 시간에 현금화할 수 있는 유동성이라고 볼 수 있다. 회계적으로, 혹은 경제적인 의미에서 유동성으로 분류되기는 힘들어 보이지만, 단기간에 받을 수 있는 대출 등도 큰 의미에서 잠재적인 유동성이라 볼 수 있다.

적절하게 유동성을 유지하고 관리해야 하는 건 개인도 마찬가지다. 물론 갑작스러운 사고처럼 뜻밖의 지출에 대한 대비도 될 수 있지만, 그보다는 폭넓은 시야와 합리적인 판단을 위해서도 필요하다. 또한 유동성이 부족하면 큰 문제가 될 수 있다는 것은 공감하기 쉬울 텐데, 지나치게 많은 유동성을 보유하는 것도 효과적인 자산 배분의 측면에서는 바람직하지 않다는 사실도 유념해야 한다.

현금동원력이 어느 정도 있는지 파악하고 있으면, 보다 적극적으로 다양한 투자안을 검토할 수 있다. 어딘가에 투자하는 건 항상 신중해야 하고 충분한 검토가 필요하지만, 괜찮은 투자기회가 늘 주변에 있는 것은 아니다. 투자기회가 있을 때 투자자금을 마련하지 못해서 기회를 놓치고 뒤늦게 후회하는 이야기는 주변에서도 매우 자주 들을 수 있다. 하지만 그렇다고 언제 올지 모르는 투자기회를 위해 현금을 마냥 쥐고만 있을 수도 없다. 눈을 부릅뜨고 찾아보아도 투자할 만한 대상이 없어서 투자를 위해 따로 챙겨놓은 투자금을 적정한 이자도 지급받지 못하는 유휴자금으로 놀리고 있을 수도 있으며, 투자 가능한 자금이 오래 대기하게 될수록 섣부른 투자판단을 하게 될 가능성이 높다.

「선택할 수 있는 권리」에서 2008년에 받은 성과급으로 컨버터블 BMW를 매입하려고 했었다. 「자산의 수익성을 높여라」라는 주제에서 잠시 벗어나는 이야기지만 성과급을 받은 직후에는 예상치 못한 큰 금액이라 마치 공돈처럼 느껴졌었고, 원하는데 지출을 해도 된다는 생각이 들었기에 외제차 구매 의사가 있었다. 하지만 계좌에 찍혀있는 그 금액을 한두 달 정도 지켜보니 더이상 공돈이 아닌 생때같은 내 돈으로 느껴지기 시작했고, 그 돈으로 외제차를 사면 소비되어 없어져 버린다고 생각하니 도저히 구매할 수가 없었다.

여하튼 그 금액은 나의 월급 계좌에 수개월 동안 자리 잡고 있었는데, 다른 어딘가에 투자하지 않았던 이유는 기다리던 투자기회가 있었기 때문이다. 2006년 미국의 부동산 경기가 정점을 찍고 하락세를 보이기 시작하면서 2007년 초부터 미국의 서브프라임 사태Subprime Crisis가 조짐을 보이기 시작했었다. 2007년 7월 16일, 미국의 5대 투자은행이었던 베어스턴스Bear Stearns가 운영하는 두 개의 헤지펀드가 서브프라임 모기지 시장의 급락으로 거의 전액 손실이 났다는 발표를 하면서 분위기는 급격히 악화되었다. 연방준비은행은 2007년 9월부터 긴급 금리 인하를 시작하였고, 2008년 3월에 이미 베어스턴스는 당시 내가 다니고 있던 회사인 제이피모건J.P. Morgan에 인수되었으니, 외화채권시장에서 미국물 위주로 업무를 하던 나에게 전반적인 당시의 거시경제적 환경은 1997년 아시아 금융위기에 버금가는 최악의 상황을 예상하기에 충분했었다. 당시에는 해외시장에 대한 접근이 지금처럼 용이하지 않았었고, 환율 변동에 대한 위험도 있고 하니 국내 주식시장이 큰 폭으로 하락하면 거치식 펀드에 투자할 계획이었다. 당시 판단으로는 코스피 지수가 800까지도 떨어질 수 있을 것이라고 예상하고 있었기에 적어도 코스피 지수 1,000 미만에서 잡을 생각을 하고 있었다.

하지만 주식시장은 생각보다 훨씬 더 오래 버텼다. 베어스턴스의 매각 따위 소식에는 관심도 없는 것처럼 오히려 2008년 4월에는 다시 반

등을 시작하였고, 5월까지도 상승세를 이어가서 곧 다시 2,000 수준을 회복하려는 분위기였다. 꽤 큰 유휴자금을 이자도 거의 없는 입출금 월급통장에 보유하고 있던 나는 '주식시장의 낙관론은 채권시장의 이슈 같은 건 상관도 안 하나 보다.'라는 멍청한 판단을 하게 되었고, 2008년 5월 거치식 펀드에 가입하고야 말았다. 가입한 지 얼마 되지 않아 주식시장은 다시 하락을 시작하였고, 나는 그나마 다행스럽게도 9월 15일 리먼 브라더스Lehman Brothers의 파산신청 이전이었던 그해 8월에 꽤 큰 손실을 실현하며 빠져나왔다.

적절하게 유동성 관리가 되지 않아 큰 금액이 유휴자금으로 놀고 있었고, 그 놀고 있는 유휴 자금을 신속히 투자해야 한다는 압박감이 가져온 뼈아픈 투자실패였다. 당시 나는 2달이 좀 넘는 기간 동안에 3,000만 원이 넘는 손실을 입었고, 지금 생각해 보면 차라리 BMW를 사서 3달을 타고 중고로 팔았더라도 그보다는 손실을 덜 입었을 거라는 생각이 든다. 그리고 후자의 경우에는 적어도 3달간 BMW를 타 보기라도 했었을 터이다.

유동성 관리가 투자에만 영향을 미치는 것은 아니다. 예를 들어, 노동선택권 확보를 위한 노력을 지속해서 어느 정도 준비가 되어있고 노후를 위한 꽤 많은 자산을 형성하였다 하더라도, 유동성이 부족한 상황이라면 현재 근무하고 있는 직장에서 정리되었을 경우 당장 눈앞이 막막할 수밖에 없다. 그 막막한 상황에서 성급하게 새 직장을 구하다가 오랜 기간 관리해왔던 커리어가 망가지거나, 그다지 원하지 않던 회사에서 더 낮은 근로소득을 받게 되어 삶은 더 팍팍해질 가능성이 크다.

소득의 크기, 소비의 규모, 위험회피성향과 예상 투자자금의 크기 등 적절한 유동성의 규모를 결정하는 변수는 개개인에 따라 매우 차이가 날 수밖에 없지만, 곧 있을 투자를 대기하는 자금이라면 1년 이내 현금화가 될 수 있는 곳에 기간을 쪼개서 관리하는 것도 방법이다. 긴급한 상황에 대비한 비상금은 언제라도 뺄 수 있는 정기예금에 6개월 이하 기간으로 예치해 놓으면 약간의 이자소득을 누릴 수 있으며, 만기 이전에 급히 써야하는 경우가 생기더라도 그 약간의 이자소득만 포기한다면 언제라도 바로 현금화가 가능하다. 그러나 **여유자금의 부작용**은 피해야 하니 소비를 위해 정기예금을 중도 해약하는 경우는 없도록 하자.

레버리지

레버리지는 그 구조와 위험을 충분히 이해한다면, 여러 가지 전략으로 활용하여 더 높은 수익률의 추구가 가능하다. 일단 레버리지가 무엇인지 짚고 넘어가자.

레버리지Leverage는 말 그대로 Lever, 즉 지레를 이용하여 몇 배의 힘을 이끌어 내는 지렛대 효과를 의미하는 단어이다. 경영학에서는 보통 세 가지의 레버리지 효과를 다루는데, 영업레버리지Operating Leverage와 재무레버리지Financial Leverage, 그리고 영업레버리지와 재무레버리지를 결합한 결합레버리지Combined Leverage로 구분된다.

- **영업레버리지Operating Leverage**

  사업을 운영하면서 발생할 수 있는 레버리지를 의미한다. 사업소득이 발생하고 있거나 고려 중이라면, 영업레버리지에 대한 이해가 도움이 될 수 있다. 대부분의 사업은 비용이 발생하게 마련인데, 비용은 크게 고정비와 변동비 두 가지로 구분할 수 있다. 고정비는 매출의 규모와 관련 없이 고정적으로 발생할 수밖에 없는 비용이고, 변동비는 매출이 증가함에 따라 증가하게 되는 비용이다.

예를 들어, 사업소득을 위하여 작은 식당을 운영한다고 가정해 보자. 월세와 필요 인력에 대한 인건비, 통신비 등 손님이 단 한 명도 없더라도 매출액의 규모에 관계없이 매달 고정적으로 나가는 비용이 있을 것이다. 이를 고정비라고 한다. 반면에 매출이 증가함에 따라 증가하는 비용들이 있을 텐데, 가장 대표적으로는 식자재 원가가 있다. 매출이 0이면 식자재가 거의 들어가지 않겠지만, 매출이 증가할수록 더 많은 음식과 음료 등을 준비해야 할 것이고 식자재 원가가 증가하게 될 것이다. 이를 변동비라고 하며, 식자재 원가 외에도 카드수수료, 예약수수료 등이 포함되며 매출에 대한 일정 비율로 발생하게 된다.

고정비와 변동비에 대한 대략적인 이해가 되었다면, 다음의 단순화된 사례로 이해해 보자.

비용			비고
고정비		10,000,000원	
	월세	2,000,000원	
	인건비	7,500,000원	2,500,000원×3명
	기타 고정비	500,000원	
변동비		매출의 35%	
	식자재 원가	매출의 33%	
	기타(수수료 등)	매출의 2%	

식당 Z의 비용구조

실제 식당의 경우 위의 표보다는 비용구조가 더 복잡하겠지만, 큰 틀에서는 많이 다르지 않을 것이다. 여하튼 위와 같은 비용구조를 가직 식당의 매출에 따른 영업이익을 차트로 나타내보면 아래와 같다.

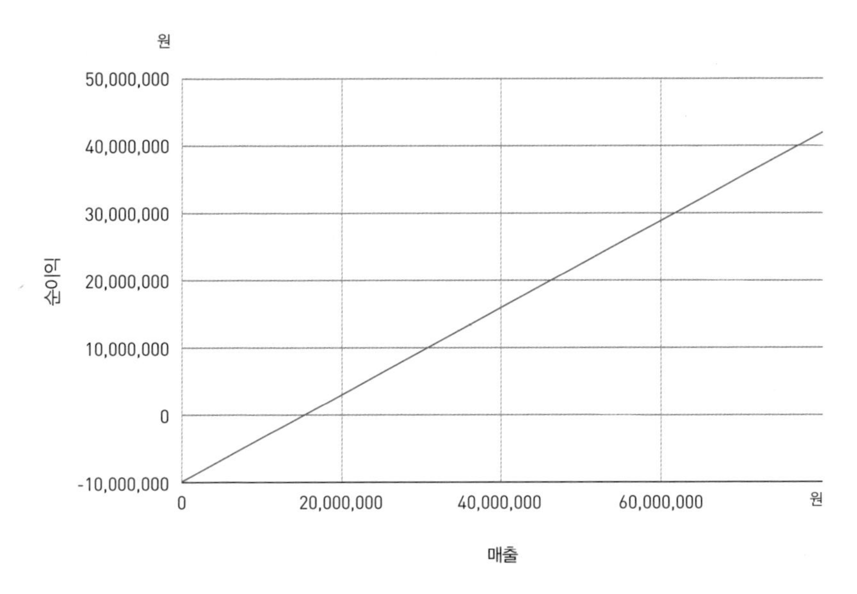

매출에 따른 식당 Z의 순이익

식당 Z의 매출기준 손익분기점은 약 15,384,615원(=고정비 10,000,000원 / 매출총이익률 65%)이며, 손익분기점을 초과하는 매출이 발생하면 영업이익이 선형으로 증가함을 확인할 수 있다.

반면에 매출에 따른 영업이익률을 차트로 그려보면 매출이 손익분기점을 지나면서 영업이익률이 점점 증가하는 모습을 볼 수 있다. 영업레버리지란 결국 매출액의 변화에 따른 영업이익이 변하는 효과를 의미한다. 매출액의 변동에 따른 영업이익의 변동은 영업레버리지도Degree of Operating Leverage, DOL로도 표현한다.

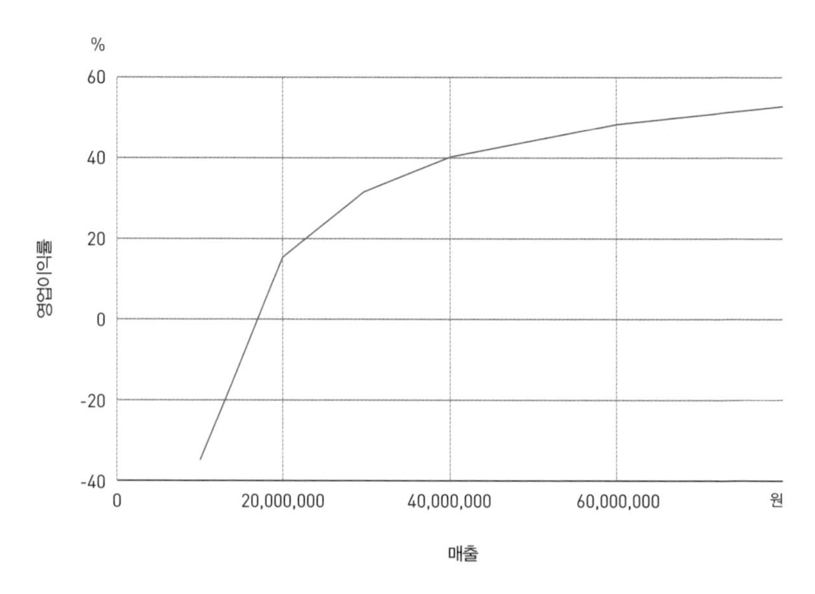

매출에 따른 식당 Z의 영업이익률

- **재무레버리지**Financial Leverage

영업레버리지가 고정비로 인한 지렛대 효과를 의미한다면, 재무레버리지는 부채로 인한 지렛대 효과이다. 타인자본, 즉 부채로 일부 자금을 조달하는 일반적인 기업의 수익성을 이해하는 데도 도움이 되지만, 우리는 투자자의 입장에서 자산 수익성의 증대에 초점을 맞춰서 생각해 보자.

재무레버리지는 사실상 우리의 실생활과 매우 밀접하게 연관되어 있으므로, 이해가 편할 수 있다. 예를 들어 시가 6억 원의 아파트를 은행에서 집값의 50%에 해당하는 3억 원을 대출받고, 나머지는 보유한 현금 3억 원으로 매입했다고 생각해 보

자. 1년이 지나서 해당 아파트의 시가가 6억 6천만 원이 되었다면, 6천만 원의 시세차익을 획득하였고, 이는 매입가격인 6억 원에 비해서는 10%에 해당한다. 여기서 타인자본, 즉 은행대출금액을 제외한 당신의 순자산 3억 원에 비해서는 20%의 수익률이 계산된다.

위의 간단한 사례는 은행 대출을 이용하여 스스로 레버리지 구조를 만들어낸 경우이고, 담보로서 가치가 확실한 부동산에 투자하는 경우에는 매우 흔한 투자방식이다. 사실, 대출을 일으키지 않고는 부동산 투자 자체가 어려운 경우가 많을 테니 부동산 투자에 있어서는 어쩔 수 없이 레버리지가 어느 정도 수반될 수밖에 없는 면도 있다.

어떤 금융상품들은 그 자체로 레버리지가 포함된 경우들이 있다. 선물Futures이나 옵션Options에 투자하는 경우, 기초자산 금액 전체에 대해서가 아닌 일부 증거금만으로 거래가 가능하기에 기초자산의 변동보다 훨씬 큰 변동성을 취할 수 있다. 특정 지수나 기초자산의 변동의 수배에 해당하는 움직임을 추종하는 ETFExchange Traded Fund들도 쉽게 투자할 수 있는 상품들이다.

2011년에 수도권에 있는 꼬마빌딩의 지분 일부를 매입한 적이 있다. 보유하고 있던 다른 부동산을 담보로 약 7억 원 가량을 대출 받아서 30% 정도의 지분을 매입했었다. 당시 서울의 상업용부동산의 자본환원율[34]이 3%가 채 안되는 수준이었던 것으로 기억하는데, 이 꼬마빌딩은 자본환원율이 거의 7%에 가까웠었다. 당시 대출금리가 5%가 안되었으니, 7%에 가까운 수익으로 이자비용을 지불하고도 원금의 일부를 상환할 수 있었다. 이후 여유자금이 생길 때마다 원금을 갚았고 대출금액이 줄어들면서 이자비용은 더욱 감소하여서 자산에서의 수익 중 더 많은 금액이 원금상환에 사용될 수 있었다. 꽤 오랜 시간에 걸쳐서 수년 전에 있었던 원금을 모두 상환하였고, 2022년에 매입 당시 가격의 거의 2배에 해당하는 금액에 매각하였다.

이 투자사례는 꽤 많은 내용이 겹쳐지는 터라 사례로 들었다. 상업용부동산 투자를 통한 인컴게인을 주목적으로 한 투자였지만, 캐피털게인을 같이 누릴 수 있었고, 레버리지를 사용해서 수익률을 증가시킬 수 있었다. 굳이 이 투자의 수익률을 계산해보면 애초에 자기자본이 들어가지 않은 투자였기에 사실 수익률은 무한대였다고 볼 수 있다. 또한, 보유한 다른 자산을 담보로 대출을 받았었다는 것은 유동성관리 차원에서 다시 생각해 볼 만하다.

나의 경우 보유한 자산 중 가장 가치가 큰 자산은 부동산이다. 해당 부동산을 처음 매입할 때 일으켰던 대출은 이미 모두 갚았지만, 뜻밖의

---

34 자본환원율(Capitalisation Rate): 부동산 자산의 가치를 대략적으로 판단하는데 자주 사용되며 보통 캡레이트라고 많이 부른다. 임대소득 등의 수익에서 제반비용을 제외한 순영업수익을 자산의 가격으로 나눈 비율이다. 자본환원율이 높으면 상대적으로 저평가, 낮으면 상대적으로 고평가된 자산이라고 볼 수 있다.

괜찮은 투자대상이 나타나면 다시 담보로 대출을 일으키고는 했다. 손쉽게 대출을 일으킬 수 있는 자산이 있다면, 굳이 투자 대상을 기다리면서 낮은 금리의 정기예금 등에 큰돈을 묶어놓을 필요는 없다.

레버리지를 효율적으로 사용한다면 투자 가능한 자산의 범위도 넓어질 수 있다. 즉시 가용한 현금만으로는 투자가 불가능한 상황이라 하더라도, 매입하게 될 자산이나 이미 보유한 자산을 담보로 활용하여 대출을 일으킨다면 투자가 가능하다. 또한 대출금리보다 높은 수익률의 자산이라면, 수익률이 증가하여 자산 수익성을 증가시킬 수 있다. 하지만 「위험대비수익률」에서 언급하였듯이 '공짜 점심'은 없다. 같은 자산이라도 레버리지를 이용하여 수익률을 증가시켰다면, 자산가격이 하락하였을 때 손실도 배가(倍加)된다. 따라서 레버리지를 일으켜서 투자를 할 때는 당연히 더 심사숙고(深思熟考)해야 하고, 투자하는 대상 자체가 상당한 위험을 가진 투자안이라면 그다지 추천할 만하지 않다.

잭팟

하루아침에 부자가 되는 꿈을 꾸어본 적이 있는가? 벼락부자가 되는 상상을 해 본 적이 있는가? '비트코인이 1달러도 안 했을 당시에 수십 개라도 사놨으면 좋았을 텐데'하는 생각처럼 가끔 과거에 있었던 시장의 큰 변동에 딱 맞는 투자를 해서 큰돈을 벌었다면 어땠을까 하는 생각도 한 번씩 해본 적이 있을 것이다. 이런 상상만으로도 즐거워지지만, 사실 현실에서는 멀고도 어려운 일이다.

매우 오래전 이야기다. 그날도 뉴욕시장을 커버하느라고 사무실에서 야간 근무를 한참 하던 중이었는데 고등학교 동창 친구로부터 전화가 왔다. 내용을 들어보니 친한 친구들 둘이서 술을 마시다가 로또에 당첨되면 그 돈으로 무엇을 할지 이야기했는데, 한 녀석은 당첨되면 다른 친구에게 고급 외제차를 한 대 사주겠다고 한 반면, 다른 친구는 당첨되어도 자기가 다 쓸 거라고 말해서 둘이 티격태격하다가 같이 친한 나에게 전화를 한 것이었다.

"율아, xx가 로또 1등 당첨되어도 지가 다 쓰고 나한테는 외제 차 한 대도 사줄 생각이 없데~!"

그 말을 듣는 순간 나이도 찬 녀석들이 정말 쓸데없는 걸로 말싸움을 한다는 생각이 들었고, 안 그래도 늦은 시간에 일하는데 자기들끼리 놀면서 전화한 것도 그다지 유쾌하지는 않았다. 그 친구의 말에 되물었다.

"너네 이번 주 로또는 사 놓고 싸우는 거냐?"

어이없게도 친구들은 로또를 사기는커녕, 살 생각도 안 하고 있었다.

복권은 복권 구매 대금의 상당 부분이 복권 사업자에게로 가고, 그 돈은 복권 운영비용을 비롯한 여러 사회사업에 활용하기에 복권의 기대수익률은 복권 가격에 훨씬 못 미칠 수밖에 없다. 이론적으로 합리적이고 효율적인 사람은 복권을 구매하지 않는 것이 맞지만, 복권의 특성상 당첨확률이 극히 미미한 반면 당첨금은 매우 큰 탓에 요행을 바라는 사람들이 구매를 지속할 수 있다. 하지만 복권을 구입하는 이유가 단지 그 낮은 확률이라도 요행을 바라기 때문만일까?

업무상의 일이나 친구들과의 약속으로 저녁에 술 한 잔을 하다보면 담배가 떨어졌다던가 하는 이유로 편의점에 들르는 경우가 가끔 있다. 편의점을 오가는 길에 로또를 파는 곳이 보이면 간혹 5천 원어치씩 사서 같이 술을 마시는 사람들에게 돌리고는 했었다. 서너 명이 술을 마시고 있었다면 2만 원 정도의 돈이 들었을 텐데, 그 로또가 진짜 당첨될 거라고 기대하고 구입했던 건 아니다. 사람들과 함께 5천 원짜리 로또 한 장 씩을 나누어 가지면서 당첨되면 뭘 할 건지, 뭘 살 건지, 내가 샀으니 10%는 내 돈이라든지, 그저 즐겁게 이야기 나눌 수 있는 소재를 추가했던 것이다. 또한 그 주 토요일이나 그 다음 주 월요일 즈음에 로또를 발견하고 당첨 되었는지 확인해 보면서 그들이 가지게 될 아주 조그마한 기대, 그 작은 기대를 줄 수 있는 사람이었다는 기분 정도에 5천 원의 가치가 있다고 판단해서 가끔 구매했었다.

하지만 그날 전화했던 친구들은, 적어도 그날은 그만한 기대도 할 자격이 없었다. 로또를 사지도 않았으니 말이다. 무엇인가에 투자도 하지 않고 벼락부자가 될 수는 없다. 월급쟁이가 갑자기 월급이 수십 배가 되는 경우는 없을 테니 말이다.

로또는 좀 극단적인 사례이긴 하지만 순자산의 일부, 그러니까 손실이 발생하더라도 크게 타격을 입지 않을 정도의 금액을 고위험자산에 투자하는 일은 생각해 볼 만하다. 그 금액의 정도는 개인의 위험회피성향에 따라 차이가 있겠지만, 안정적인 수익을 창출하는 자산이 있는 상태에서 그 자산에서 발생하는 수익의 일부를 투자한다면 크게 부담스럽지 않은 수준일 것이다. 보유자산에서 매년 발생하는 수익의 일부를 고위험 고수익 상품에 투자하는 것은, 사실 대부분의 금융기관이 취급하는 원금보장형 상품들의 구조와 흡사하다.

주가지수 등의 콜이나 풋옵션 매입, 가격변동성이 큰 소형주, 스타트업 등에 대한 지분투자, 새로 발행되는 가상화폐 등 투자할 수 있는 대상은 많다. 작은 금액이라고 손실을 가정하고 투자하기 보다는 시장과 투자대상에 대한 연구를 충분히 해서 조금이라도 확률을 높일 수 있다면, 투자에 실패하더라도 그 다음에 기회를 잡을 수도 있을 것이며, 성공하게 된다면 좀더 자신감을 가지고 투자금액을 늘릴 수 있을 것이다. 다만, 선물Futures이나 옵션 매도와 같이 투자금액보다 손실이 더 커질 수 있는 투자는 피하는 편이 좋다.

절세

'소득 있는 곳에 세금 있다'라는 말이 있지만, 사실 세금은 소득에만 있는 게 아니다. 우리가 소비하는 물건 하나하나마다 부가가치세를 비롯한 각종 세금이 이미 반영되어 있다. 부가가치세율만 해도 10%이니 당신이 소비해 왔던, 그리고 앞으로 소비할 모든 지출의 10% 가량이 세금으로 나간다고 봐야 한다.

기본적으로 대부분의 사람들이 벌어들이는 모든 소득에는 세금이 붙는다. 사업으로 소득이 발생하면 사업소득에 대해 과세되고, 월급쟁이에게는 근로소득에 대해 원천징수된다. 이자소득이나 배당소득이 발생하였다면 이자소득세 및 배당소득세가 원천징수되지만, 그 둘을 합한 금융소득이 연 2,000만 원이 넘어가게 되면 종합과세 대상이 되어 세금이 추가된다. 자산을 매각하여 차익을 얻었다면 양도소득세를 낼 것이며 심지어 퇴직금이나 연금에 대해서도 세금이 부과된다. 곧 있으면 금융투자와 관련해서 발생한 양도소득에 대해서도 금융투자소득세가 과세될 예정이다.

소득이 8,800만 원을 넘어가면 넘어가는 금액에 대해 35%~45%까지도 세금이 부과될 수 있다. 소득의 1/3이 넘는 금액을 세금으로 뱉어내야 한다고 생각하면 절세(節稅)에 대한 고민을 하지 않을 수 없다.

부모님으로부터 받는 자산에는 증여세나 상속세가 붙게 되며, 당신의 자녀들에게 자산을 넘겨주는 경우에도 증여세가 부과될 것이고 세율은 최고 50%까지 적용된다.

이뿐만이 아니다. 토지, 건축물, 주택 등의 부동산이나 항공기 및 선박과 같은 재산을 보유하고 있다면 재산세가 부과된다. 이중 주택 및 토지 등은 인별로 합산되어 총액이 유형별로 공제금액을 초과하게 되면 초과분에 대해서 추가적으로 종합부동산세가 부과된다. 차량을 보유하고 있다면 자동차세가, 주식 등의 유가증권을 거래하면 증권거래세에 더해 농어촌특별세도 과세될 수 있고, 부동산을 취득하면 취득세, 농어촌특별세 및 지방교육세를 지불해야 한다. 술 사면 주세, 흡연자라면 담배소비세, 차에 주유하면 교통세, 주행세, 교육세, 개별소비세, 관세 등이 추가된다.

세금 천지다. 월급을 받아도 1/3에 가까운 세금을 떼고 나서 자산을 매입한다면 취득세 등의 세금이 부과된다. 보유기간 동안 재산세를 꼬박꼬박 뜯기다가 자녀들에게 남긴다면 또 거의 절반에 가까운 증여세나 상속세가 나가야 할 텐데, 금액에 따라 세율의 차이가 있겠지만 적어도 번 돈의 절반은 훌쩍 넘는, 아니 70% 이상의 세금이 나가게 될 수도 있다. 내가 번 돈, 형성한 자산의 절반 이상을 결국 세금으로 토해내야 하는 격이니 억울하다는 생각도 들 것이다.

소득이 증가할수록, 자산이 늘어날수록 당신의 인생에서 세금은 더 큰 부분을 차지하게 될 것이다. 따라서 절세(節稅)는 효과도 클 것이고, 또 그에 대한 간절함도 커질 수밖에 없다.

세금을 절약하기 위해서 흔히들 사용하는 방법은 법인을 설립하는 것이다. 법인은 발생하는 비용만큼이 수익에서 상쇄될 뿐만 아니라, 소득세가 아닌 법인세가 부과될 것이기에 상대적으로 낮은 세율이 적용될 수 있다. 하지만 법인을 설립하고 유지하는 비용이 추가적으로 발생할 거라서 약간의 규모가 있어야 절세효과가 추가적인 비용을 초과할 것이다. 또한, 순익이 발생하더라도 배당을 하게 되면 배당소득에 대해 다시 과세가 되므로 이중과세가 될 수 있으니 규모에 따라, 목적에 따라 현명하게 판단하여야 할 것이다. 근로소득을 유지하는 동안에 부업으로 개인사업을 일으켜서 초기 시설투자 등에 대한 지출을 감가상각 적용해서 근로소득세를 절세하는 방법도 있다.

상대적으로 비중이 큰 세금, 특히 소득세와 증여세 등에서의 절세는 자산을 증가시키고 수익성을 증가시키는데 도움이 될 수 있지만, 잘못하면 추후에 낭패를 볼 수도 있으므로 꼼꼼하게 따져보고 세무사나 회계사와 같은 전문가의 도움을 받아야 한다.

· 맺음말 ·

나의 삶을 유지하기 위해 다른 사람들이 소유한 회사들에서 월급을 받으며 끝없는 월요일을 맞이할 수밖에 없었던 내가, 이를 벗어나기 위한 고민을 하기 시작했던 것은 꽤 오래전인 2015년부터였다. 이 책의 앞부분에 나오는 노동을 선택할 수 있는 권리 및 그 권리를 기준으로 분류되는 사회적 계층, 노동선택권 보유 여부에 대한 판단, 그리고 그 계층의 상부로 이동하기 위해 노동선택권을 확보할 수 있는 개념 등은 이미 그 당시에 생각했었던 내용이다. 블로그 및 나의 머릿속 어딘가에서만 존재하던 이 내용을 책으로 펴내기 위해서는 개념 차원에서 좀더 나아가 보다 구체적인 사례와 방법으로 경제적 여유를 확보할 수 있는 방법을 제시하여야 했기에 「제3부 일하지 않아도 되는 진짜 부자가 되려면?」 부분을 추가하게 되었다.

본문의 내용에서도 유추할 수 있겠지만, 「제3부 일하지 않아도 되는 진짜 부자가 되려면?」에 포함된 내용들은 친하게 지내는 주위 사람들, 직장 동료이자 후임들, 나를 선배로 따르는 업계의 많은 후배들과의 대화에서 자주 이야기해왔던 주제들이고, 그 주제들을 나름대로 나의 경험에 비추어 이해하기 편하게 설명해 주려 했던 내용들이 대부분이다.

평상시에 누군가에게 종종 언급해왔던 내용들이었기에 글로 옮기는 작업이 내 입장에서는 크게 새로울 점이 없었음에도 불구하고, 이 내용들을 정리하는 과정에서 느꼈던 점은 이 글들을 나의 주변 지인들에게만 알려줄 것이 아니라 아직 초등학생, 중학생에 불과한 나의 세 아들들에게 반드시 알려 주어야 할 내용들이라는 생각이 들었다.

비록 매우 잘 알려진 금융그룹은 아니지만, 스위스 제네바Geneva에 본사를 둔 롬바르드 오디에Bank Lombard Odier & Co Ltd는 1796년부터 그 역사가 시작되었다. 그 오랜 역사에 걸맞게 자본주의 및 민주사회의 역사가 비교적 짧은 북미 지역이나 아시아 지역의 금융회사들과는 다소 구분되는 특징을 지니고 있는데, 자산관리 및 자산운용의 주요 고객들이 여러 세대에 걸쳐 수백 년간 고객으로 유지되어 왔다고 한다. 이러한 롬바르드 오디에는 2007년부터 그들의 고객 및 고객의 자제들을 위해 일종의 그림책 형태의 책들을 시리즈로 출판해서 교부 및 판매하였다. 나는 운이 좋게도 롬바르드 오디에 홍콩 지사에서 근무하는 지인으로부터 그 3권의 책을 선물 받은 적이 있었다. 책의 제목들은 『Why Me?』, 『Who, Me?』 그리고 『Why Others?』 였다. 이 책들은 현재까지 축적되었거나 새로 획득한 부(富)를 단지 현재의 목적으로 보지 않고 미래의 보다 더 나은 세상을 만들기 위한 수단으로 보면서 가족사업을 영위하는 세대 간의 계승을 염두하였으며, 이를 통한 사회적 기여의 중요성 등을 언급하고 부(富)를 계승하는 다음 세대들에게 읽게 해주기 위한 목적으로 쓰여졌다. 비교적 단기 실적 위주의 사고방식을 가진 월스트리트 중심의 자본주의 선봉에서 살아왔던 나에게는 신선한 충격이었고, 깊게 생각을 해 볼 만한 하나의 계기가 되었다.

내용과 취지는 좀 다르긴 하지만 「제3부 일하지 않아도 되는 진짜 부자가 되려면?」에 포함된 내용들도 마찬가지로, 나의 아이들이 성장하여 어떠한 삶을 살게 되건 어떻게든 일부 계승되었으면 하는 내용들이었다. 그래서 책을 쓰는 동안 기회가 있을 때마다 해당 내용들을 나의 아이들에게 아이들의 눈높이에 맞게 풀어서 설명해주려 노력하였다. 단지 금전적이고 경제적인 목적만이 아니라 버릴 것은 버리고, 즐길 수 있는 것은 즐기고, 누릴 수 있는 것은 누리는 것이 더 바람직하고 윤택한 삶을 살 수 있게 해준다고 생각하기 때문이다. 나와 가족들, 그리고 내 주위 사람들만이 아닌, 더 많은 사람들도 그들의 삶을 윤택하게 할 수 있는 작은 지혜를 얻을 수 있기를 희망하며 글을 마친다.

끝없는 월요일

초판 1쇄 발행 2023년 11월 10일

지은이 진율
펴낸이 구대회
펴낸곳 여니북스

마케팅 윤여준
경영지원 김나영
제작투자 타인의취향
디자인 데시그
인쇄 공간

출판신고 제 2022-000206호
주소 서울특별시 마포구 창전로2길 7-3, 1층
홈페이지 www.yonibooks.co.kr
이메일 yonibooks@naver.com
대표전화 0507-1355-8739

ISBN 979-11-979737-2-7 13320